Mandalas auf Stein gemalt

52 inspirierende Symbole
für jede Woche im Jahr

F. Sehnaz Bac

Die amerikanische Originalausgabe des Buches erschien 2019 in den USA unter dem Titel „A Year of Stonepainting" bei Dover Publications, Mineola, New York, USA
© 2019 by F. Sehnaz Bac

Übersetzung: Heinz Ladener, Staufen

ISBN der deutschsprachigen Ausgabe: 978-3-947021-12-3

1. Auflage 2019
2. unveränderte Auflage 2020
© der deutschen Ausgabe: ökobuch Verlag, Staufen bei Freiburg 2019
Email: oekobuch@t-online.de   https://www.oekobuch.de/

Alle Rechte vorbehalten. Jede Art der Wiedergabe von Texten, Bildern, Photos oder Illustrationen aus diesem Buch und die Verbreitung durch Druck, elektronische, fotomechanische oder sonstige Wiedergabe, aber auch die Verwendung im Internet, sowie die Verbreitung durch Funk oder Fernsehen bedürfen der schriftlichen Zustimmung des Verlages und der Copyright-Inhaber.

Druck: Beltz Grafische Betriebe GmbH, Bad Langensalza

Inhaltsverzeichnis

Einführung 7
Woche 1: INSPIRATION – Mandala aus mehreren Steinen 20
Woche 2: ENTSPANNUNG – Meeres-Mandala 22
Woche 3: ENERGIE – Das Sonnen-Mandala 24
Woche 4: RUHE – Blaues Mandala............................ 26
Woche 5: FRIEDEN – Das Kranz-Mandala 28
Woche 6: HARMONIE – Blüten-und-Blätter-Mandala 30
Woche 7: RUHE – Das Fische-Mandala........................ 32
Woche 8: HEITERKEIT – Das Pastellfarben-Mandala 34
Woche 9: BALANCE – Das Gleichgewichts-Mandala 36
Woche 10: GEIST – Das Blaue-Licht-Mandala................. 38
Woche 11: LEBEN – Das Blatt-Mandala 40
Woche 12: ESSENZ – Das Tanzende-Kreise-Mandala 42
Woche 13: HERZ – Das Herz-Mandala 44
Woche 14: FREUNDSCHAFT – Das Blumenstrauß-Mandala 46
Woche 15: LIEBE – Das Rosa-Herz-Mandala 48
Woche 16: EINHEIT – Das Blütenträume-Mandala 50
Woche 17: LERNEN – Das Meister-Mandala.................... 52
Woche 18: AUFMUNTERUNG – Das Schmetterlings-Mandala 54
Woche 19: SCHÖNHEIT – Das Goldener-Schnitt- Mandala 56
Woche 20: NAHRUNG – Das Entwicklungs-Mandala 58
Woche 21: ATEM – Das Windmühlen-Mandala................... 60
Woche 22: RUHE – Das Blütenteppich-Mandala 62
Woche 23: BERUHIGUNG – Das Trost-Mandala 64
Woche 24: DER FUNKE – Das Rosa-Stern-Mandala 66
Woche 25: AUFERSTEHUNG – Das Frühlings-Mandala 68
Woche 26: ERWACHEN – Das blühende Mandala 70
Woche 27: GLAUBE – Das Violette-Blumen-Mandala 72
Woche 28: WEISHEIT – Das Achtsamkeits-Mandala.............. 74
Woche 29: ANERKENNUNG – Lebensbejahendes Mandala 76
Woche 30: GNADE – Das fröhliche Mandala 78
Woche 31: TRAUM – Das bunte Mandala....................... 80

Woche 32: EINFÜHLUNG – Das Farbfolgen-Mandala 82

Woche 33: ZAUBER – Das Glasscherben-Mandala 84

Woche 34: HOFFNUNG – Das Sonnenaufgangs-Mandala 86

Woche 35: ERNEUERUNG – Das Neue-Horizonte-Mandala 88

Woche 36: FREUDE – Das Blumen-Mandala 90

Woche 37: GEFÜHL – Das Starke-Gefühle-Mandala 92

Woche 38: MAGIE – Das blassrosa Mandala 94

Woche 39: VERÄNDERUNG – Das Mohnblumen-Mandala 96

Woche 40: ERFOLG – Das Kraft-der-Farben-Mandala 98

Woche 41: UNENDLICHKEIT – Das Blume-des-Lebens-Mandala 100

Woche 42: VERÄNDERUNG – Das Blätter-Mandala 102

Woche 43: STÄRKE – Das Melodie-der-Natur-Mandala 104

Woche 44: GLÜCK – Das Kleeblatt-Mandala 106

Woche 45: SPASS – Das Muschel-Mandala 108

Woche 46: LICHT – Das Sonnenschein-Mandala 110

Woche 47: GANZHEITLICHKEIT – Das Yin-Yang-Mandala 112

Woche 48: FREUNDLICHKEIT – Das Tulpenstrauß-Mandala 114

Woche 49: DAS GÖTTLICHE – Das Om-Mandala 116

Woche 50: FESTLICHKEIT – Das Fahnen-Mandala 118

Woche 51: WIEDERGEBURT – Das Sternzeichen-Mandala 120

Woche 52: DAS EINZIGARTIGE – Das einfarbige Mandala 122

Über die Autorin 125

Dieses Buch ist meinen Töchtern Ayse und Zeynep Meric und meinem Mann Artabano Forcellese für ihre Geduld und Unterstützung gewidmet.
Omnia vincit amor.

Einführung

In diesem Buch geht es nicht einfach nur um das Malen von Mandalas auf Stein, sondern auch um eine Form des Meditierens dabei. Sie werden zu allen 52 Projekten und Gestaltungsvorschlägen im Buch inspirierende Worte für jede Woche eines Jahres finden. Während Sie ein Mandala Schritt für Schritt vollenden, kann ein Prozess der tiefen Entspannung stattfinden.

Von der Zielsetzung will dieses Buch mehr als nur Designvorschläge und die Darstellung bestimmter Maltechniken vermitteln. Sie können durch die künstlerische Erfahrung einen Weg zu Meditation und Entspannung finden und die Energie von Ruhe und Regeneration aufnehmen. Dies passiert nicht nur beim Malen der Mandalas, sondern bereits beim Suchen nach Steinen in der Natur, wo sie geformt und geschliffen wurden.

Wenn Sie jede Woche ein Projekt vollenden, werden Sie das Gefühl erleben, dass zwischen Ihnen und den Steinen eine enge Verbindung entsteht, und auch zu jedem Entwurf, dem Sie sich mit Liebe, Aufmerksamkeit, Konzentration, Hingabe und Engagement gewidmet haben.

Mit jedem inspirierenden, wie ein Mantra wirkenden Wort entsteht meditative Praxis: eine Verbindung mit der Natur; eine Erfahrung der Zeit, die es brauchte, um den Stein zu formen; eine Verbindung zum Wasser, das darüber geflossen ist; vermittelt durch Ihre Hand, die den Stein aufhebt und seine Oberfläche spürt, und durch die Bewunderung seiner Form.

Ich hoffe, meine Entwürfe können Sie dazu anregen, sich auf diese künstlerische und meditative Reise einzulassen, die zu Kreativität und entspannter Stimmung anregt, um Wege zur Gestaltung eigener Mandalasteine zu finden.

MANDALA

Das Wort Mandala stammt aus der Sanskrit-Sprache und bedeutet „Kreis" oder in der Abstraktion „Vollendung", die durch die Geschlossenheit der Kreisform zum Ausdruck kommt. Der Kreis selbst ist eine dynamische Figur. Deshalb wird sie von Mathematikern auch als ein Polygon mit unendlich vielen Seiten beschrieben. Der Kreis ist die natürlichste Form, die den Menschen bekannt ist: Sonne und Mond, Planeten und Sterne, Wassertropfen, Baumstämme, Blumen, überall finden sich Kreisformen. Es ist auch die erste Form, die ein Kind zu zeichnen lernt.

Ein Mandala stellt das Universum dar und ist damit ein spirituelles Hilfsmittel, um Meditation und Trance zu fördern. Es spiegelt die Ewigkeit und das

Zentrum aller Schöpfung wider. In der buddhistischen Tradition steht die Erschaffung eines Mandalas für die universelle Wandlung des Leidensweges hin zur Erleuchtung. Das Zentrum eines Mandalas stellt den Beginn einer Reise zu Wissen und Weisheit dar und wird deshalb oft benutzt, um den Geist während der Meditation zu fokussieren. Wir können viele Mandala-Formen in der Natur finden: Muscheln, Blumen, die Samen von Obst und Gemüse, Schneeflocken, Spinnweben und mehr.

> „Wenn wir uns eine Blume genau ansehen, oder auch andere natürliche oder von Menschen gemachte Kreationen, werden wir Gemeinsamkeiten und eine allem gemeinsame Ordnung finden. Diese Ordnung findet sich auch in bestimmten Proportionen, die sich immer wiederholen, oder kommen in der Dynamik zum Ausdruck, wie alle Dinge auf ähnliche Weise wachsen oder durch die Vereinigung komplementärer Gegensätze gebildet werden."
>
> *(György Dóczi: Die Kraft der Grenzen: Proportionale Harmonien in Natur, Kunst und Architektur.)*

Die Mandala-Formen entwickeln sich quasi aus dem Nichts. Vom Mittelpunkt aus entsteht das Muster aus verschiedenen Formen, Gestalten und Figuren, meist als Folge von kreisähnlichen Formen (Ringen). Mandalas können innerhalb von Quadraten oder Rechtecken angelegt werden, aber die wichtigste Form ist und bleibt der Kreis. Die Entwürfe in diesem Buch sind durchweg kreisförmig. Einige werden freihändig gezeichnet, bei anderen werden geometrische Hilfsmittel oder Formeln genutzt.

Der Einstieg

STEINE FINDEN

Der erste Schritt zu einem Steinmandala besteht darin, geeignete Steine zu finden. Wenn Sie Steine in der Natur sammeln, beachten Sie die örtlichen Gepflogenheiten und Gesetze, und achten Sie die Umwelt, indem Sie z.B. an verschiedenen Orten suchen und sammeln, anstatt immer an der gleichen Stelle. Am Meer werden am häufigsten Steine gesucht, aber auch an Seen und Flüssen finden sich Steine in einer Vielfalt an Größen und Formen.

Sie können Steine auch von einem Steinlieferanten kaufen, im Internet suchen oder bei Landschaftsgärtnern, Kunsthandwerksläden oder Gartencentern in Ihrer Nähe nachfragen.

SO WÄHLEN SIE STEINE AUS

Größen und Formen

Die Steine sollten einen Durchmesser von 3 bis 12 cm haben, runde und ovale Formen eignen sich am besten. Größere Steine bieten eine entsprechend große Fläche zum Malen und erlauben das Hinzufügen von feineren Details. Auch ein ungewöhnlich geformter Stein kann sich als originelle Grundlage erweisen, die Sie vielleicht zu einer außergewöhnlichen Mandala-Gestaltung anregen wird.

Farben

Steine gibt es in fast jeder Farbe. Wenn Sie Ihren Entwurf auf den unbehandelten Stein auftragen und dessen ursprüngliche Oberflächenstruktur erhalten wollen, ist ein möglichst heller Farbton vorteilhaft. Besondere Effekte können Sie mit Steinen in unterschiedlichen Farben erzielen, wenn Sie die verschiedenfarbigen Untergründe bei einem Entwurf aus mehreren Steinen aufeinander abstimmen.

Oberflächenstruktur

Je glatter die Oberfläche, desto besser wird das Ergebnis. Vermeiden Sie Steine mit allzu ungleichmäßiger Oberfläche oder mit Fehlern, die Sie nicht beseitigen können und die ein zufriedenstellendes Endergebnis beeinträchtigen. Sie können aber auch schöne runde Steine mit rauer und poröser Oberfläche auswählen, wenn Sie die Oberfläche mit ein wenig Korrekturarbeit glätten.

STEINE VORBEHANDELN

Bevor Sie mit dem Bemalen Ihrer Steine beginnen, reinigen Sie sie gründlich. Lassen Sie sie einige Stunden im Wasser liegen und spülen Sie sie dann mit einer weichen Bürste und milder Seife unter fließendem Wasser ab. Anschließend sollten sie an der Luft trocknen.

Steine mit rauen und porösen Oberflächen schleifen Sie mit feinem Sandpapier so glatt wie möglich und entfernen den Staub mit einem feuchten Tuch oder einer Bürste. Tragen Sie dann weiße Acrylfarbe in zwei Schichten auf, um eine glatte, geschlossene Oberfläche zu erhalten. Drücken Sie auf den Pinsel, um die Poren der Steine mit Farbe zu füllen. Sobald die Steine vollständig trocken sind, schleifen Sie sie sanft und entfernen Sie immer wieder den Staub.

WERKZEUGE UND MATERIALIEN

Zum Bemalen Ihrer Mandala-Steine benötigen Sie bestimmte Werkzeuge und Materialien. Sie werden im Laufe der Zeit herausfinden, welche am besten zu Ihnen passen. Wenn Sie wollen, können Sie aber auch immer wieder mit neuen experimentieren.

Bleistifte

Sie benötigen harte Bleistifte (von 2H bis 6H), um Ihre Skizzen auf die Steine zu übertragen. Weiche Bleistifte (alle mit B) können beim Berühren der Zeichnungen oder beim Radieren von Fehlern eine Staubschicht hinterlassen. Zeichnen Sie Ihren Entwurf mit schwarzen Bleistiften auf helle, raue Oberflächen und mit weißen Bleistiften auf dunkle Steine.

Radiergummis

Korrigieren Sie Fehler mit einem weichen Radiergummi und entfernen Sie feine Details eines Entwurfes mit einem elektrischen oder einem Bleistift-Radiergummi.

Zirkel

Ein Zirkel ist das Zeichenwerkzeug für Kreise und Bögen. Der Zirkel hat zwei Schenkel: einen mit einer Nadelspitze, die in den Mittelpunkt einsticht, und den anderen mit einer Bleistiftmine am Ende zum Zeichnen des Kreisbogens. Um die Kreise der Mandalas zu zeichnen, ist ein Zirkels notwendig.

Winkelmesser

Ein Winkelmesser ist ein Instrument zum Messen und Zeichnen von Winkeln. Es gibt welche für Winkel bis 180° und solche bis 360°. Sie benötigen einen Winkelmesser, um geometrische Teilungen für die Mandala-Entwürfe festzulegen.

Kreisschablone

Eine Kreisschblone ist ein Zeichenwerkzeug aus einer dünnen Kunststoffplatte, aus der Kreise in vorgegebenen Durchmessern ausgestanzt sind. Sie können damit Kreise mit ausgewählten Durchmessern direkt auf den Stein zeichnen, Kurven hinzufügen oder Ornamente erstellen.

Lineal

Ein Lineal ist nützlich, um gerade Linien auf Ihre Mandalas zu zeichnen.

Farben

Acrylfarben auf Wasserbasis sind ideal für die Steinmalerei, da sie dauerhaft sind und ohne organische Lösemittel auskommen; es gibt sie in vielen brillianten, sehr lebendigen Farben, und sie sind einfach im Gebrauch. Sie werden in Tuben, Gläsern und Kunststoffbehältern angeboten. Es ist wichtig zu wissen, dass Acrylfarben schnell trocknen. Die Behälter müssen daher geschlossen werden, wenn Sie mit der Arbeit fertig sind. Verwenden Sie zum Anmischen neuer Farben immer nur kleine Mengen, um zu vermeiden, dass die Farbe auf Ihrer Palette eintrocknet. Obwohl die Farben geruchlos sind, sollten Sie den Raum, in dem Sie arbeiten, hin und wieder gut lüften.

Tinten

Acryltinten enthalten hochwertige Pigmente, die intensive Farben ergeben. Sie können sie mit feinen Rundpinseln und Tauchfedern für die komplizierten Teile Ihrer Entwürfe verwenden.

Farbmischpaletten

Um eigene Farben anzumischen, benötigen Sie eine Palette. Kleine Paletten mit diversen Vertiefungen sind nützlich, wenn Sie mit Tinten arbeiten.

Pinsel

Wählen Sie qualitativ hochwertige Pinsel, weil diese in Form bleiben und die Farbe besser halten. Sehr feine Pinsel (2/0 oder 4/0) eignen sich für kleine Details, größere Pinsel (3, 6, 10 und 14) mit gerundeten Borsten sind zum Ausmalen von Mandala-Motiven nützlich. Mit einem Fächerpinsel können Sie die Innenflächen großer Kreise ausmalen. Flache Pinsel und Pinsel mit abgewinkeltem Borstenschnitt eignen sich hervorragend zum Malen von Hintergründen und zum Mischen von Farben. Nach jedem Gebrauch sollten Sie Ihre Pinsel gut reinigen. Lassen Sie sie nicht im Wasser stehen, da sie dadurch ihre Form sehr schnell verlieren werden.

Tauchfedern

Tauchfedern bestehen aus einer Metallspitze (der Feder), die in einem meist hölzernen Griff oder Halter steckt. Damit können Sie wasserfeste, pigmentierte Tinten wie Tusche, Zeichentinte und Acryltinte auftragen. Es gibt eine große Auswahl an Federn, um verschieden breite Linien und Striche zu zeichnen. Sie benötigen solche Federn, um die Details Ihrer Entwürfe mit Acryltinten auszuführen.

Acryl-Malstifte

Acryl-Farbstifte verfügen über eine Art Druckmine, um die Farbe freizugeben; Sie müssen sie vor jedem Gebrauch schütteln. Es gibt sie mit verschieden großen Spitzen, von extrafein bis groß, und in einer großen Auswahl an lebendigen, leuchtenden Farben.

Grafische Fineliner-Stifte

Grafische Fineliner sind eine gute Wahl, um Ihrem Entwurf Konturlinien und winzige Details hinzuzufügen. Ich verwende meist Spitzen der Größen 0,05 mm, 0,1 mm, 0,2 mm, 0,3 mm und 0,4 mm. Seien Sie vorsichtig beim Auftragen auf bereits bemalten Flächen: Wenn der Lack nicht vollständig trocken ist, kann die Tinte die Lackschicht zerstören.

Schutzlack

Mit einem Acryllack, flüssig oder in einer Sprühdose, können Sie bemalte Steine wasserfest versiegeln und verleihen ihnen damit den letzten Schliff, wodurch die optische Wirkung gesteigert wird. Wählen Sie Produkte, die UV-Filter enthalten, als zusätzlichen Schutz gegen das Verblassen der Farben. Tragen Sie zwei oder drei Schichten Flüssiglack mit breiten Pinseln auf und warten Sie nach jedem Schichtauftrag mindestens ein paar Stunden. Wenn Sie Spray verwenden, sollten Sie im Freien arbeiten und eine Maske tragen. Schützen Sie den Untergrund, auf dem der Stein liegt, und sprühen Sie aus mindestens 20 cm Entfernung. Lassen Sie den Lack zwischen den einzelnen Aufträgen einige Stunden trocknen. Denken Sie daran, dass der Sprühnebel leicht entflammbar ist. Seien Sie daher vorsichtig und meiden Sie die Nähe zu Zündquellen.

ZEICHEN- UND MALTECHNIKEN

Wenn Sie Steine, Werkzeuge und Materialien ausgewählt und bereitgelegt haben, gilt es noch zu entscheiden, welche Seite des Steins die gleichmäßigere und glattere Oberfläche hat. Bei Steinen in hellen Farben ist es besser, direkt auf der rohen Oberfläche zu zeichnen. Sie können auch eine farbige Grundierung auftragen und, nachdem die Farbe getrocknet ist, Ihre Skizze darauf zeichnen. Die Mitte bzw. den Mittelpunkt, aus dem heraus Sie Ihren Entwurf entwickeln, können Sie mit einem Zirkel ermitteln.

Bevor Sie sich mit all den Techniken vertraut machen, die ich zum Zeichnen von Mandala-Entwürfen verwende, werfen wir zunächst noch einen Blick auf die Natur des Kreises. Ein Kreis ist eine einfache geschlossene Kurve, die eine Fläche in zwei Teile teilt: eine innere und eine außen liegende Fläche. Im täglichen Gebrauch wird unter einem Kreis häufig das Ganze verstanden, also die Kreislinie einschließlich der umschlossenen Fläche. Geometrisch betrachtet ist ein Kreis jedoch nur eine in sich geschlossene Linie, während die gesamte Figur als Scheibe bezeichnet wird. Im Folgenden ist mit dem Begriff Kreis immer nur die geschlossene Linie gemeint.

Um Kreise unterschiedlicher Größe zu zeichnen, müssen Sie die Schenkel des Zirkels entsprechend weit spreizen. Der Abstand zwischen Spitze und Bleistiftmine wird als Radius bezeichnet. Ein anderer in der Zeichnung dargestellter Begriff ist der Kreisring, der den Bereich zwischen zwei konzentrischen Kreisen (mit gemeinsamem Mittelpunkt) beschreibt. Als Schnittpunkte werden die Punkte bezeichnet, an denen sich zwei oder mehrere Kreislinien schneiden.

Mit diesem Wissen können Sie nun mit dem Entwerfen Ihrer Mandalas beginnen.

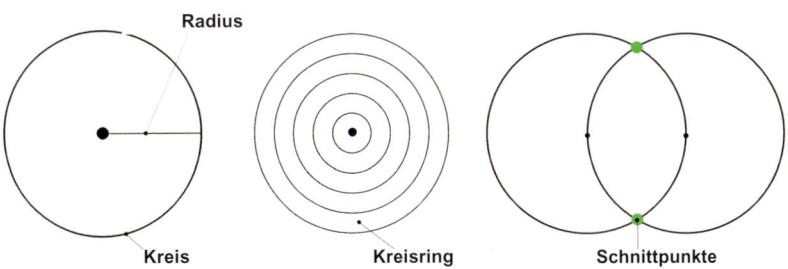

Freihändig zeichnen

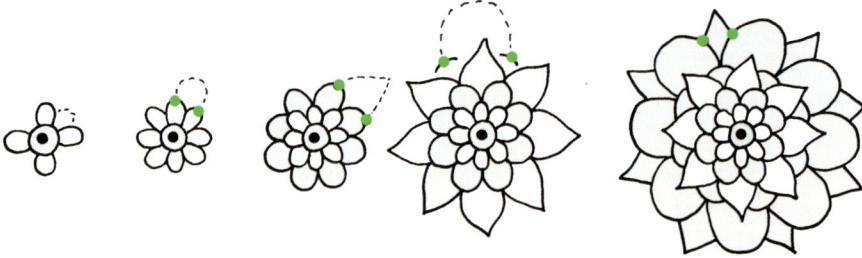

Diese Art des Zeichnens ist unkompliziert und macht Spaß. Beginnen Sie an einem zuvor festgelegten Mittelpunkt und füllen Sie einen ersten Kreis mit einem Reigen aus einfachen gleichen Formen. Fügen Sie in der nächsten Runde jeweils mittig über Ihren ersten Formen weitere Formen hinzu, so dass ein ausgewogenes Mandala-Muster entsteht. Die Freihandmethode ist nützlich, um kleine Steine zu bearbeiten.

Freihändig zeichnen mit konzentrischen Hilfslinien

Diese Technik bietet klar strukturierte Flächen für die einzelnen Muster. Zeichnen Sie mit einem Zirkel vom festgelegten Mittelpunkt aus konzentrische Kreise und füllen Sie die Ringflächen mit verschiedenen Formen.

Freihändig zeichnen mit einem Raster aus konzentrischen Kreisen und Sektorlinien

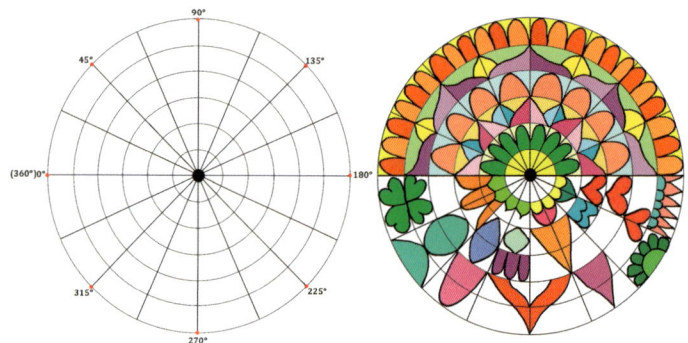

Diese Technik ist nützlich, wenn Sie möglichst perfekte symmetrische Formen erstellen möchten. Vom Mittelpunkt des Steins ausgehend zeichnen Sie mit dem Zirkel konzentrische Kreise und markieren anschließend mit dem Winkelmesser entsprechende Segmente, für eine Unterteilung in 8 Segmente also z.B. bei 45, 90, 135, 180, 225, 270, 315 und 360° (= 0°). Um 6 Segmente zu erhalten, sind alle 60° Markierungen anzubringen. Die Markierungen auf dem Kreis verbinden Sie durch Linien, die je nach Teilung zum Kreismittelpunkt führen oder durch ihn hindurch gehen. An diesen Hilfslinien richten Sie Ihre Füllmuster aus.

Zirkel und geometrische Regeln verwenden

Einige Mandala-Entwürfe können ausschließlich aus Kreisen gezeichnet werden. Es ist leicht, solche mit einem Zirkel nach grundlegenden geometrischen Regeln zu erstellen, z.B. einfach durch überlappende Kreise gleicher Größe. Bei dieser Methode entsteht der Entwurf durch weitere Kreise innerhalb und außerhalb des Ursprungskreises, ohne noch andere Formen hinzuzufügen. Bevor wir auf diese Technik näher eingehen, werfen wir einen Blick auf die Ursprünge solcher geometrischen Zeichnungen.

HEILIGE GEOMETRIE, GOLDENER SCHNITT UND FIBONACCI-FOLGEN

Das Wort Geometrie stammt aus der griechischen Sprache, in der geos „Erde" bedeutet und metron „Messen". Geometrie kann also mit „Messen der Erde" übersetzt werden. Bei der heiligen Geometrie geht es speziell um die symbolische Bedeutung bestimmter Formen und Proportionen. Schon in der Antike erforschte der Mensch die Welt um sich herum und versuchte, den Geheimnissen der Natur mithilfe der Geometrie und mathematischer Methoden auf den Grund zu kommen.

Der „goldene Schnitt" ist dadurch charakterisiert, dass sich das Kleinere zum Größeren verhält wie das Größere zum Ganzen. Der goldene Schnitt wird daher auch „göttliche Proportion" genannt und mathematisch durch eine irrationale Verhältniszahl beschrieben, die auch als perfekte Zahl der Natur bezeichnet wird. Zum goldenen Schnitt gelangte man durch die Analyse von Proportionen natürlicher Objekte und vom Menschen geschaffener Systeme, die sich durch wahre Schönheit auszeichnen. Das Verhältnis des goldenen Schnittes kehrt in den Mustern der Natur immer wieder, so auch in der der spiralförmigen Anordnung von Blättern und in anderen Pflanzenteilen.

Die Fibonacci-Sequenz ist eng mit dem Goldenen Schnitt verwandt und wird durch eine Zahlenfolge definiert, bei der jede Folgezahl die Summe der beiden vorhergehenden ist, wie in der Reihe 1, 1, 2, 3, 5, 8, 13, 21, 34, 55 usw. Diese Abfolge ist nach dem italienischen

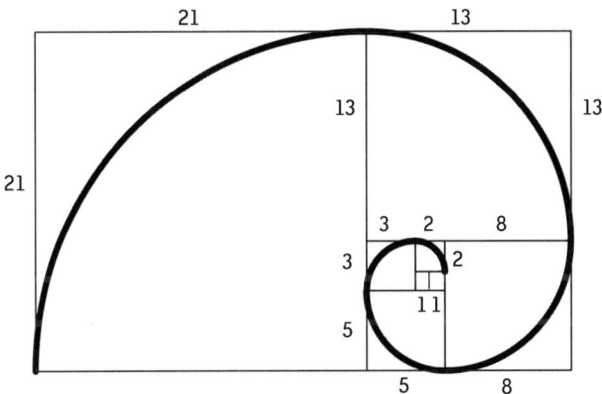

Mathematiker Leonardo Pisano Bigollo (Fibonacci war sein Künstlername) benannt, der damit im Jahr 1202 das Wachstum einer Kaninchenpopulation beschrieb. Davor wurde die Zahlenfolge schon im Altertum in der indischen und griechischen Mathematik beschrieben. Das Wachstumsgesetz bzw. die aus aufeinander folgenden Zahlen gebildeten Verhältnisse sind in der Natur wiederzufinden (Baumzweige, Fruchtsprossen einer Ananas, Anordnung der Blätter an einem Stängel, die Blüten einer Artischocke, ein sich entrollender Farn, die Samenstände am Tannenzapfen); für große Zahlen nähert sich das Verhältnis aufeinander folgender Zahlen der Fibonacci-Reihe dem goldenen Schnitt an.

Sie werden Mandala-Entwürfe finden, denen diese geometrischen Regeln zugrunde liegen und die darauf aufgebaut sind.

SAMEN DES LEBENS

Das Mandala „Samen des Lebens" ist Teil der alten heiligen Geometrie und symbolisiert die Schöpfung. Um es zu zeichnen, gehen Sie folgendermaßen vor:

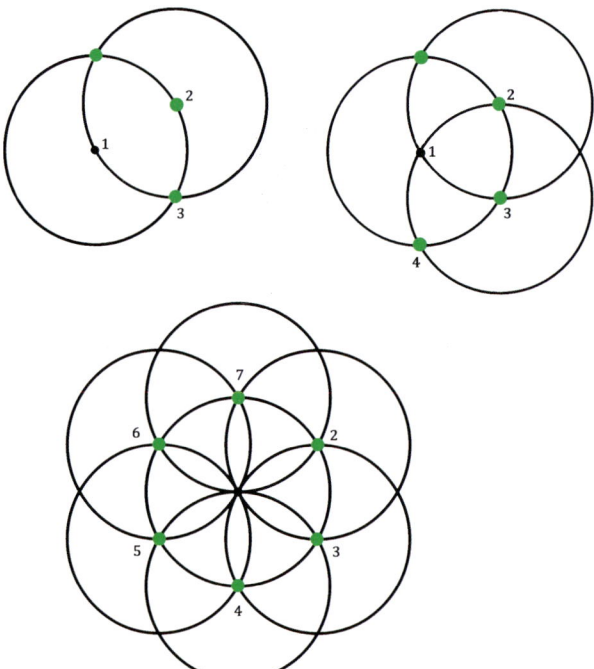

- Wählen Sie mit dem Zirkel einen zum Stein passenden Radius und zeichnen Sie damit einen Kreis um den Mittelpunkt (1).
- Setzen Sie bei gleichem Radius, also ohne den eingestellten Radius am Zirkel zu ändern, die Nadel des Zirkels auf den Rand des Kreises (2) und zeichnen Sie einen weiteren Kreis, der den ersten Kreis in zwei Punkten schneidet.
- Setzen Sie die Nadelspitze des Zirkels auf einen der Schnittpunkte (3) und zeichnen Sie einen weiteren Kreis. Dieser neue Kreis hat wieder zwei Schnittpunkte mit dem Ursprungskreis (4).

- Zeichnen Sie mit dem neuen Schnittpunkt einen weiteren Kreis und wiederholen Sie diese Schritte noch dreimal mit Schnittpunkten (5, 6, 7), bis Sie sechs Kreise um den ursprünglichen Kreis herum gezeichnet haben.

BLUME DES LEBENS

Die „Blume des Lebens" ist eine Ableitung des „Samens des Lebens" und symbolisiert, dass alles Leben Teil eines göttlichen geometrischen Plans ist. Wenn Sie den Zeichenprozess aus dem „Samen des Lebens" weiterführen, indem Sie an den äußeren Schnittpunkten weitere Kreise außen hinzufügen, entsteht das Muster „Blume des Lebens". Platzieren Sie die Nadelspitze des Zirkels an den roten Kreuzungspunkten, um zwölf weitere Kreise für die Blume des Lebens zu zeichnen.

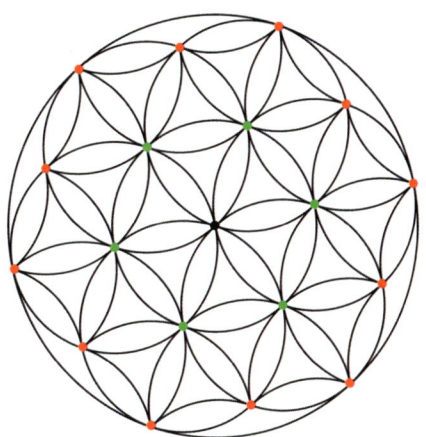

TORUS

Das Wort „Torus" stammt aus dem Lateinischen und bedeutet eigentlich so etwas wie „Schlauch". In der Geometrie entsteht ein Torus durch Rotation einer Kreisfläche um eine außerhalb des Kreises liegende Drehachse (in der Zeichnung liegt die Drehachse auf dem Kreisrand). Damit ist der Torus ein ringförmiger Schlauch ähnlich einem Rettungsring oder Reifen. In der heiligen Geometrie ist der Torus die erste Form, die aus dem Genesemuster hervorgegangen ist. Reduziert man die dreidimensionale Torus-Geometrie durch Projektion auf eine Fläche, erscheint in der zweidimensionalen Figur wieder das Muster „Samen des Lebens".

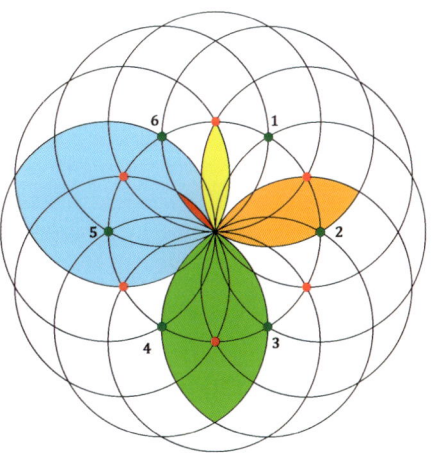

Hier setzen wir neue Mittelpunkte auf den inneren Kreis, um neue Kreise hinzuzufügen. Siehe die grünen Punkte (Zahlen 1, 2, 3, 4, 5, 6), die zwischen den Schnittpunkten des Musters „Samen des Lebens" (rote Punkte) markiert sind.

Der Torus schafft schöne Mandalas. Seine Abschnitte wirken komplex und sind dennoch einfach und können auf verschiedene Arten farbig angelegt werden.

FORMEN UND MOTIVE

Hier sind die Formen und Motive dargestellt, mit denen die Mandala-Entwürfe in diesem Buch verziert werden.

Halbovale

lanzenförmige Dreiecke

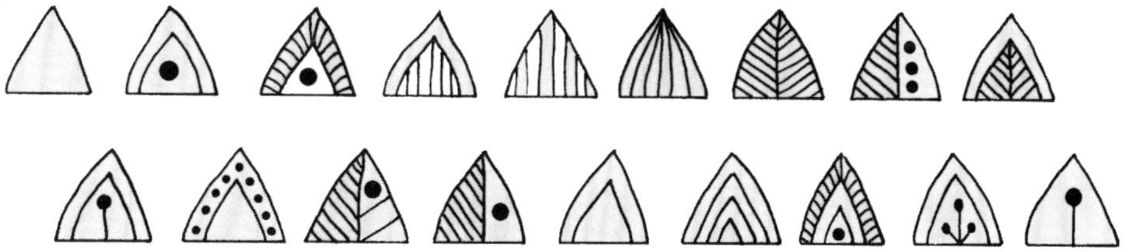

herzförmige Dreiecke mit verschiedenen Verzierungen

Blätter mit Verzierungen

Linien, Punkte, florale Motive

Kombinierte Motive aus Halbkreisen und Halbovalen

Punkte, Kreise, Rauten, Herzen, Blüten

WOCHE 1

Inspiration
Mandala aus mehreren Steinen

Farben beeinflussen unser Leben und können uns glücklicher machen.
In der Natur finden wir das gesamte Spektrum an Farben und in allen Nuancen.
Kein Wunder, dass das erste Projekt ein vom Regenbogen
inspiriertes Mandala aus mehreren Steinen ist.

1 Sie benötigen einen großen runden Stein und acht kleinere. Ich lege sie in Form einer Blume aneinander. Zeichnen Sie auf dem Hauptstein mit einem Zirkel drei konzentrische Kreise. Teilen Sie diese Kreise mit einem Winkelmesser in acht Segmente (je 45°), die durch gerade Linien durch den Kreismittelpunkt gebildet werden. Zeichnen Sie innerhalb des kleinsten Kreises eine Blüte, halbe Blütenblätter und kleine und große Dreiecke. Zeichnen Sie halbe Ovale in den Bereich zwischen den äußeren beiden Kreisen. Richten Sie die kleineren Steine so aus, dass sie an den Segmentlinien den Hauptstein berühren. Auf die kleinen Steine zeichnen Sie große spiegelsymmetrische Blattfiguren.

2 Malen Sie die Formen in den Farben des Regenbogens in hellen und dunklen Schattierungen aus. Wenden Sie dieses Farbschema auf alle Teile an. Um einen Kontrast zu erzeugen, malen Sie den Mittelpunkt und die Halbovale um den kleinsten Kreis in Weiß aus. Verwenden Sie für die anderen Hintergründe ein Pastellgelb.

4 Teilen Sie die Blütenblätter auf dem mittleren Stein durch Mittellinien und setzen Sie in jede Hälfte jeweils etwas andersfarbige schräge Linien. Fügen Sie zwischen den Blütenblättern Linien und Punkte ein. Setzen Sie in die weißen Halbovale kleinere schwarze Halbovale. Teilen Sie die großen Dreiecke durch Mittellinien und zeichnen Sie in die Hälften verschiedenfarbige Linien. Fügen Sie auch in die kleinen Dreiecke Trennlinien und kleine Linien ein. Malen Sie kleine schwarze Dreiecke zwischen den großen Dreiecken. Füllen Sie die äußeren Halbovale mit kleineren Halbovalen. Fügen Sie mit einem Zeichenstift Konturlinien um die Mitte, den weißen Kranz und die äußeren Kreise. Setzen Sie weiße Punkte in die kleinen Dreiecke und die großen Halbovale. Zeichnen Sie mit einem schwarzen Stift eine innere Kontur und farnähnliche Blätter in jedes Blatt der äußeren Steine und verzieren Sie die Blätter mit kräftigen weißen Punkten. Um die Steine des Mandalas zu verbinden, zeichnen Sie an jedem der Berührungspunkte farnähnliche Blätter und füllen die Zwischenräume mit jeweils 3 schwarzen Strich-Punkt-Mustern.

3 Zeichnen Sie mit einem schwarzen 0,3er-Fineliner Konturlinien, um die Bemalung ausdrucksstärker zu machen und um die Farben besser zur Geltung zu bringen. Für die weiteren Arbeiten benötigen Sie ebenfalls schwarze Fineliner-Stifte, weiße Tinte und eine Tauchfeder sowie einen feinen türkisfarbenen Stift.

Woche 2
Entspannung
Meeres-Mandala

Die Fähigkeit, sich entspannen zu können, gehört zum Wichtigsten, das wir im Leben lernen können. Jeden Tag eine Auszeit zu nehmen und etwas zu finden, das unsere Kräfte erneuert, ist für ein gutes und gesundes Leben unerlässlich. Die Natur hilft dabei: Am Meer zu spazieren, an einem Fluss oder See gibt Ruhe.
Ein Meeres-Mandala mit Fischmotiven in Blau fängt dieses Gefühl ein.

1 Zeichnen Sie mit einem Zirkel drei konzentrische Kreise auf Ihren Stein. Sie dienen als Hilfslinien, um das Fischmotiv anzuordnen. Zeichnen Sie eine Blüte in die Mitte und teilen Sie die Kreise in 8 gleichgroße 45°-Segmente, am besten mit dem Winkelmesser. Platzieren Sie in jedem Segment ein Fischmotiv, beginnend im inneren Kreisring. Der zweite Kreis ist die Trennlinie zwischen Kopf und Körper. Zeichnen Sie den Körper in den äußeren Kreis und fügen den Schwanz jeweils so hinzu, dass er den Außenkreis berührt. Fügen Sie innerhalb des äußeren Kreises einen Kreis hinzu, um einen ringartigen Rand zu erstellen.

2 Malen Sie die Flächen in Blau und Weiß aus, um farblich den Eindruck von Meereswellen zu vermitteln. Wenn alle Teile ausgemalt sind, fügen Sie mit einem schwarzen Fineliner Konturlinien hinzu.

3 Nach dem Konturieren werden nun die Fischmotive mit Details geschmückt. Füllen Sie Körper und Schwänze abwechselnd mit Punkten, Strichen und kleinen Kreisen, und zwar mit farbigen Stiften und mit einer Feder für die weiße Tinte. Die Augen werden durch schwarze Punkt dargestellt. Zeichnen Sie mit einem feinen blauen Acrylfarbstift zarte Wellenlinien in die Flächen zwischen den Fischen, um das Meer zu stilisieren.

4 Um das Meeres-Mandala abzuschließen, fügen Sie um den äußeren Kreis außen flache Kreissegmente hinzu, die Sie hellblau ausmalen. Zeichnen Sie weiße Linien und Punkte in diese Flächen. Verzieren Sie die Blume und die Bereiche zwischen den Fischköpfen mit dicken farbigen Punkten. Und legen Sie auch weiße Punkte um die Blume und in das ringförmige Element, um dem Mandala den letzten Schliff zu geben.

Woche 3

Energie
Sonnen-Mandala

Aristoteles sagte: „Die Energie des Geistes ist die Quelle des Lebens." Ich liebe diesen Spruch! Wir haben die Wahl, wie wir unserer Energie nutzen, um unsere Träume und Ziele zu verwirklichen. Das Sonnen-Mandala ist geprägt von den kräftigen, feurigen Farben, die für die Energie des Sterns stehen, und von der beruhigenden Anmutung der stilisierten Strahlen.

1 Zeichnen Sie mit einem Zirkel vier Kreise auf einen runden Stein. Unterteilen Sie die Kreise mit dem Winkelmesser in vier 90°-Segmente. Zeichnen Sie zwei zueinander senkrechte Linien durch die Kreismitte und füllen Sie den Ring zwischen dem 2. und 3. Kreis an den vier Hilfslinien mit vier flammenförmigen Dreiecken, so dass die Spitzen jeweils den dritten Kreis berühren. Fügen Sie vier weitere kleinere Flammen zwischen dem 3. und 4. Kreises hinzu. Zeichnen Sie danach Sonnenstrahlen in jeder der vier Quadranten, und zwar mit geschwungenen Linien, um den Eindruck von Strahlen zu betonen. Ihre Spitzen sollten den vierten Kreis berühren.

2 Malen Sie Ihre Skizze mit Farben aus: blaue und grüne Farben, um den Wind zu sybolisieren, und rote, orangene und gelbe für die Sonnenstrahlen. Malen Sie die Mitte rot und grün. Verwenden Sie für den Hintergrund ein helles Türkis oder Blau.

3 Ziehen Sie mit einem schwarzen Fineliner die Konturlinien nach.

4 Setzen Sie in das rote Zentrum gelbe Punkte und drumherum gelbe Halbovale mit blauen Punkten darin. Zeichnen Sie Trennlinien in den grünen Kreisring und legen Sie eine kräftige Kontur in Türkis um diesen Kreisring. Fügen Sie vertikale Linien in die grünen Dreiecke sowie große und kleine gelbe Punkte in die blauen Dreiecke ein. Verzieren Sie die Sonnenstrahlen mit feinen schwarzen Linien und darüber gesetzten weißen punktierten Linien. Fügen Sie zwischen den Strahlen zarte schwarze Linien und Punkte hinzu, so dass Ihr Sonnen-Mandala mehr Glanz bekommt!

Woche 4

Ruhe

Blaues Mandala

Eines der wichtigsten Ziele beim Malen eines Mandalas ist das Meditieren dabei. Die Konzentration beim Zeichnen von Motivdetails hilft uns leichter über unsere Sorgen hinweg, so dass wir dem Zustand der Entspannung und des Glücks näher kommen. Das Blaue Mandala wirkt kühl und beruhigend und fängt die Anmutung des Wassers und des Himmel ein.

1 Sie benötigen einen runden Stein, Acrylfarben und Tinten in verschiedenen Blautönen, kleine Pinsel, einen schwarzen Fineliner, eine Feder und weiße Tinte. Grundieren Sie Ihren Stein zuerst mit hellblauer oder türkiser Farbe. Verwenden Sie zwei Schichten, um eine saubere Oberfläche zu erhalten. Warten Sie mit der zweiten Schicht, bis die erste Schicht durchgetrocknet ist.

2 Übertragen Sie Ihren Entwurf mit einem schwarzen Fineliner auf den Stein, die zwei konzentrische Kreise mit einem Zirkel. Zeichnen Sie ein Blumenmotiv innerhalb des kleinen Kreises und Reihen aus Halbovalen und Dreiecken außen um die beiden Kreise herum.

3 Malen Sie die Motive in verschiedenen Blautönen aus. Verwenden Sie zum Ausmalen der Dreiecke und Halbovale einen kleinen runden Pinsel. Wenn die Farben und Tinten trocken sind, fügen Sie mit Feder und weißer Tinte Konturlinien hinzu. Seien Sie beim Zeichnen dieser feinen Linien vorsichtig und übermalen Sie nicht die schwarzen Konturlinien.

4 Fügen Sie mit einer Feder und weißer Tinte Linien in die Dreiecke ein, zeichnen Sie einfache pflanzliche Motive in die Halbovale und fügen Sie mit einem schwarzen Fineliner weitere Linien in die Bereiche zwischen den Dreiecken ein.

5 Fügen Sie im äußeren Ring größere weiße Punkte hinzu und zeichnen Sie eine kräftige weiße Kontur um die äußeren Halbovale. Nachdem Sie Ihr Blaues Mandala mit einer Lasur geschützt haben, können Sie den Stein zum Meditieren verwenden oder Ihr Zuhause damit schmücken.

Woche 5

Frieden
Kranz-Mandala

„Jeder kann seinen Frieden nur in sich selbst finden. Denn wahrer Frieden ist unabhängig von äußeren Umständen", sagte Mahatma Gandhi.
Dieser Ausspruch erklärt sehr gut, wie wichtig es für uns ist, inneren Frieden zu finden und ihn auszustrahlen, um besser leben zu können. Das Kranzmandala mit Blättern und anderen Blumenmotiven ist ein gutes Projekt, bei dem wir schrittweise durch eine immer schönere Ausgestaltung zur Ruhe kommen.

1 Zeichnen Sie auf einen möglichst runden Stein mit dem Zirkel drei konzentrische Kreise als Raster.

2 Zeichnen Sie mit Bleistift eine Blüte in die Mitte und kleine Blütenblätter und geschwungene Dreiecke in den Ring zwischen dem 1. und 2. Kreis, sowie eine Reihe großer Dreiecke drumherum.

3 Malen Sie die Flächen mit gelber, orangener und roter Acrylfarbe so aus, dass ein schöner Kontrast zwischen den Gestaltungselementen entsteht.

4 Ziehen Sie die Umrisse der Gestaltungselemente mit einem schwarzen Fineliner nach.

5 Fügen Sie in die inneren geschwungenen Dreiecke Blumen und farnähnliche Blätter in Form von Linien und Punkten ein. Füllen Sie die großen Dreiecke mit hellblauen Blättern und schwarzen Linien, so dass kleinere Dreiecke darin entstehen. Zeichnen Sie hellgrün gefüllte Halbkreise innerhalb des äußeren Kreises.

6 Fügen Sie mit einem schwarzen Fineliner Linien und Punkte hinzu, anschließend mit einer feineren Feder weitere Punkte und kleine Halbkreise um die Blüte. Malen Sie einen Kranz von kleinen Halbkreisen außen um den dritten Kreis und fügen Sie nach innen Blütenblätter hinzu.

7 Zeichnen Sie den Ring mit dünnen schwarzen Linien nach. Malen Sie die äußeren Blütenblätter aus, setzen farbige Punkte hinein und schwarze Linien darum herum. Eine Außenkontur, mittels Feder und goldener Tinte gezogen, rundet Ihr Kranz-Mandala ab.

Woche 6

Harmonie
Blüten-und-Blätter-Mandala

In Harmonie mit uns selbst zu sein, ist der Anfang des Weges zum Glück, durch den alles schöner wirkt. Das Blüten-und-Blätter-Mandala ist eine symbolische Darstellung der inneren und äußeren Harmonie.

1 Nachdem Sie Ihren Stein gereinigt haben, grundieren Sie ihn in Lila mit zwei Schichten Acrylfarbe. Warten Sie so lange, bis jede Schicht vollständig trocken ist (mindestens dreißig Minuten). Zeichnen Sie mit einem weißen Stift drei konzentrische Kreise, füllen Sie den Ring um den inneren Kreis mit einer Reihe von Halbkreisen und den äußeren Ring mit einer Reihe von Dreiecken.

2 Umranden Sie die Halbovale in Dunkelrosa. Malen Sie Blattmotive in Hell- und Dunkelgrün um die Dreieckslinien, so dass diese jeweils die Farben trennen.

3 Ziehen Sie die Kreislinien mit einem feinen blauen Acrylfarbstift nach. Füllen Sie die Halbovale in Hellrosa und setzen Sie gelbe Punkte in die Zwischenräume. Malen Sie die Bereiche zwischen den Blättern in Rosa und Flieder aus, so dass kleine umgekehrte Dreiecke entstehen. Setzen Sie feine gelbe Punkte darüber.

4 Setzen Sie ein Rosenmotiv in Rosa und Rot in die Mitte, verziert mit feinen Linien und Punkten. Zeichnen Sie einen grünen Kreis in den Innenkreises und fügen Sie eine Reihe gelber Punkte hinzu. Setzen Sie dicke rote Punkte und kleine rosa Punkte in die Halbovale und verbinden Sie die Punkte mit dem inneren Kreis durch feine schwarze Linien. Konturieren Sie die Flächen unter den Blättern mit feinen blauen Linien und setzen Sie rosa Punkte hinein. Zum Schluss ziehen Sie eine grüne Konturlinie um den blauen Außenkreis und fügen außen einen Kranz aus rosa Punkten hinzu.

Woche 7

Ruhe
Das Fische-Mandala

Grüne Blumenwiesen, blaue Seen, Flüsse und Himmel :
Dazwischen vermitteln bunte Fische ein Gefühl der Ruhe.
Das Fische-Mandala zeigt all diese lebhaften Elemente der Natur.

1 Möglichst in der Mitte eines runden, glatten Steins beginnen Sie mit einem kleinen Innenkreis. Zeichnen Sie mit einem Zirkel weitere vier konzentrische Kreise, zwei davon für den schmalen inneren Ring, und die anderen beiden für den Außenring mit den Fischmotiven. Fügen Sie um die Mitte einige Dreiecke hinzu. Zeichnen Sie über dem inneren Ring eine Reihe von Blütenblättern, wie ein Gänseblümchen. Zeichnen Sie in den äußeren Ring stilisierte Fische und außen herum eine Reihe von Halbovalen. Mit kleinen runden Pinseln und mit Acrylfarben, Tinten und Acrylfarbstiften können Sie nun Ihre Zeichnung farbig anlegen.

2 Verzieren Sie alle Fische, z.B. mit Bögen und Punkten in verschiedenen Farben. Wenn die Farbe vollständig getrocknet ist, fügen Sie mit einem schwarzen Fineliner Konturlinien hinzu. Das ist hilfreich für ein klares, detailliertes Muster.

3 Zeichnen Sie mit einem Bleistift einfache Blumenmotive in die Blütenblätter des Gänseblümchens, legen Sie sie farbig an und zeichnen Sie mit einem schwarzen Fineliner Konturlinien. Fügen Sie mit dem gleichen Stift schuppen- oder wellenförmige Halbkreise um die Fische herum hinzu, um das Meer zu symbolisieren. Zeichnen Sie außen kleinere Halbovale in die größeren und füllen Sie den Bereich zwischen diesen beiden Linien mit kurzen schwarzen Linien. Setzen Sie weiße Punkte in die Halbovale.

4 Verzieren Sie den kleinen mittleren Ring und die dreieckigen Blütenblätter mit weißen Punkten. Zeichnen Sie drei kleine schwarze Linien und Punkte zwischen jedes Blütenblatt. Zeichnen Sie eine Reihe von Halbkreisen außen um den inneren Ring und setzen Sie schwarze Punkte hinein. Fügen Sie schließlich kleine weiße Punkte in die drei größeren Kreise ein, um Ihrem Fisch-Mandala mehr Dynamik zu geben.

Woche 8

Heiterkeit
Das Pastellfarben-Mandala

Mandalas haben eine magische Wirkung auf uns. Wer den Entwurf und die feinen Details mit Konzentration und Hingabe ausführt, wird merken, wie sich der Verstand von den Alltagsproblemen entfernt und ein Zustand der Gelassenheit eintritt. Das Pastellfarben-Mandala wirkt heiter, leicht und voller Freude und Glück.

1 Zeichnen Sie einen Kreis auf den Stein und lassen Sie aus der Mitte heraus eine Blume entstehen. Fügen Sie ringsum Dreiecke hinzu und verbinden Sie diese mit geschwungenen Linien. Fügen Sie außen um den Kreis herum blütenblattartige große Dreiecke hinzu.

2 Malen Sie Ihren Entwurf mit Pastellfarben aus. Sie können Acrylfarben und -tinten mit einem Pinsel oder mit Acryfarbstiften auftragen. Hell-Türkis, Wassergrün, Rosatöne und Hellgrün sorgen für einen ruhigen Eindruck.

3 Zeichnen Sie schwarze Konturlinien um alle Elemente Ihres Entwurfes. Fügen Sie Trennlinien hinzu, um kleinere Bereiche innerhalb der großen Blütenblätter zu schaffen. Fügen Sie diesen Teilen Türkistöne oder Grüntöne in Farbabstufungen hinzu, um den Eindruck von Bewegung zu erzeugen.

4 Zeichnen Sie mit einem schwarzen Fineliner kleine Pflanzenfiguren in die Blütenblätter der mittleren Blüte, diagonale Linien in die dreieckigen Blätter und kleine senkrechte Linien und Punkte dazwischen. Fügen Sie mit einem weißen Stift den Dreiecken Punkte hinzu. Zeichnen Sie eine kräftige rosa Kontur um Ihren Entwurf und zum Schluss eine weitere weiße Konturlinie. Fügen Sie zum Abschluss eine dünne blaue Mittellinie in die rosa Konturlinie ein.

Woche 9

Balance
Das Gleichgewichts-Mandala

Glück ist eine Frage der Ausgewogenheit. Wenn wir innerlich im Gleichgewicht sind, spiegelt sich das in unserem Leben wider und hilft uns, auch anstrengende Zeiten zu bewältigen. Das Gleichgewicht-Mandala ist inspiriert von dem Wort „Balance".

1 Zeichnen Sie einen kleinen Kreis in die Mitte Ihres Steines und vom Mittelpunkt ausgehend 8 Hilfslinien im Winkel von 45°. Legen Sie Blätter um den kleinen Kreis und ziehen Sie einen weiteren konzentrischen Kreis um diesen Entwurf sowie einen dritten mit dem doppelten Radius des zweiten Kreises. Die Schnittpunkte des Kreises mit den Hilfslinien bilden dann die Mittelpunkte für weitere 8 Kreise mit gleichem Radius. Zeichnen Sie Dreiecksmotive in den äußeren Teil. Fügen Sie kleinere Dreiecke zwischen den 8 Kreisen ein. Zeichnen Sie zum Schluss einen großen Kreis um sie herum (siehe S. 13 - 14 für Zeichentechniken).

2 Malen Sie Ihren Entwurf farbig aus. Blautöne in Verbindung mit roten und dunkelorangenen Tönen geben ihm ein harmonisches Aussehen.

3 Zeichnen Sie die Konturlinien Ihres Entwurfes mit einem schwarzen Fineliner nach.

4 Fügen Sie, ebenfalls mit schwarzem Feineliner, farnähnliche Pflanzen in die Kreise ein. Setzen Sie kräftige weiße Punkte um die Blüte in der Mitte und um die Dreiecke herum. Zeichnen Sie vertikale und diagonale Linien innerhalb der Dreiecke und weiße Punkte über den Hilfslinien. Zeichnen Sie einen Ring um Ihren Entwurf und füllen Sie ihn mit winzigen schwarzen Linien. Runden Sie Ihr Gleichgewichts-Mandala mit einer kräftigen Kontur in Türkis-Blau ab.

Woche 10

Geist
Das Blaue-Licht-Mandala

Immer, wenn ich mich deprimiert oder ängstlich fühle, suche ich die Nähe zur Natur, besonders Orte mit weiten Wiesen, wo ich mich hinlegen und zum Himmel oder auf das Meer schauen kann. Das Blau des Himmels und des Meeres und die weißen Wolken und Wellen klären meinen Geist und lassen ihn zur Ruhe kommen.
Das Blaue-Licht-Mandala steht als Symbol dafür.

1 Zeichnen Sie einen großen Kreis in die Mitte und malen Sie ihn mit Acrylfarben und Rundpinsel kobaltblau aus, ebenso den Rest des Steins in Türkisblau.

2 Zeichnen Sie mit einem weißen Stift blütenblattartige Dreiecke um den kobaltblauen Kreis. Füllen Sie die Dreiecke mit hellblauer Farbe.

3 Zeichnen Sie mit einem Acryfarbstift eine kräftige weiße Kontur um das Motiv.

4 Zeichnen Sie einen kleineren Kreis innerhalb des kobaltblauen Teils und füllen Sie den Zwischenraum mit kurzen weißen Linien. Zeichnen Sie mit einem weißen Stift Halbovale in die blütenblattähnlichen Dreiecke und Linien zwischen der Blütenkontur und den Halbovalen.

5 Fügen Sie kleine rautenförmige Elemente zwischen die Blütenblätter ein und malen Sie diese in dunkelblauer Farbe aus.

6 Verzieren Sie mit einem weißen Stift den mittleren Teil des Steins mit einer Blume, mit Blättern, Blütenblättern, die die Blätter umgeben, und dicken Punkten darin. Zeichnen Sie Linien in den Hintergrund und setzen Sie eine türkisfarbene Kontur in den inneren Kreis sowie blaue und weiße Konturen an den äußeren Teil der Blütenblätter. Fügen Sie kräftige blaue Punkte in die Halbovale ein.

7 Zum Abschluss des Blaues-Licht-Mandalas setzen Sie kleine hellblaue Punkte über die größeren blauen Punkte in den Halbovalen und fügen jeweils drei weiße Punkte um die kleinen Rauten im äußeren Teil hinzu.

WOCHE 10 GEIST

Woche 11
Leben
Das Blatt-Mandala

„Das Leben ist wirklich einfach, aber wir bestehen darauf, es kompliziert zu machen", sagte Konfuzius. Ich finde diesen Ausspruch weise!
Das Blatt-Mandala, inspiriert von der heiligen Geometrie, geht zurück auf die „Samen des Lebens"-Zeichnung, die auf Seite 16 erläutert wurde.

1 Grundieren Sie Ihren Stein hellgrün. Wenn die Farbe trocken ist, bestimmen Sie den Mittelpunkt und zeichnen zwei konzentrische Kreise, die bis nahe an den Rand reichen. Setzen Sie die Nadel des Zirkels bei gleichem Radius an eine Stelle des Innenkreises und zeichnen Sie einen Halbkreis, der durch den Mittelpunkt bis zum Rand des Innenkreises verläuft. Zeichnen Sie weitere Halbkreise, bei denen der letzte Schnittpunkt jeweils als neuer Mittelpunkt dient (vgl. S. 16). So entstehen 6 Blätter. Fügen Sie dazwischen weitere 6 Blätter hinzu und teilen Sie diese jeweils mittig.

2 Malen Sie die sechs Blätter im Vordergrund in Dunkelgrün aus, verwenden Sie Hellgrün und Blassblau oder Türkis für die Hintergrundblätter. Verwenden Sie ebenfalls Blassblau oder Türkis für den Ring zwischen den Kreisen.

3 Setzen Sie einen weißen Punkt in die Mitte und malen Sie auf jedes dunkelgrüne Blatt eine Pflanze. Zeichnen Sie die Umrisse Ihres Entwurfes mit einem schwarzen Feineliner nach und schraffieren Sie die hellgrünen Hälften der Hintergrundblätter mit diagonalen Linien. Unterteilen Sie den äußeren Ring durch kurze Linien und färben Sie die Abschnitte abwechselnd türkis, hell- und dunkelgrün.

5 Fügen Sie kräftige rote Punkte an den Ansätzen der dunkelgrünen Blätter ein. Zeichnen Sie Konturlinien um die Motive zwischen den Blättern. Fügen Sie innerhalb und außerhalb

4 Fügen Sie mit einem gelben Acyrlfarbstift Linien und Blätter in die türkisfarbenen Hälften der Hintergrundblätter ein und zeichnen Sie mit einem schwarzen Stift Dreiecke zwischen alle Blätter. Malen Sie oberhalb der Dreiecke rote dreiteilige Halbovale. Verzieren Sie den äußeren Ring weiter durch Halbovale mit roten und orangen Punkten darin. Fügen Sie auch kleine rote Punkte zwischen die Blätter der weißen Pflanzen ein.

der dreiteiligen Halbovale Linien und Punkte ein. Malen Sie in Dunkelgrün eine kräftige Kontur um den äußeren Ring und setzen Sie über die schwarze Linie des äußeren Kreises noch eine dünne weiße Kontur. Umranden Sie mit einem weißen Stift die Außenkante der schwarzen Dreiecke und setzen Sie grüne Punkte hinein. Fügen Sie den Blättern, den Kreisen und den roten Punkten in der Nähe der Mitte jeweils weiße Punkte hinzu. So kommt Leben in das Blattmandala!

Woche 12

Essenz
Das Tanzende-Kreise-Mandala

„Was ist die Essenz des Lebens, das Wesentliche, der Sinn?"
Alle Menschen beschäftigt diese Frage. Für mich ist die Essenz des Lebens die Liebe.
Inspiriert vom Samen-des-Lebens-Symbol spiegelt das Tanzende-Kreise-Mandala
meine Liebe zum Leben wider, zur Natur und zum Schaffen neuer Dinge.

1 Zeichnen Sie mit dem Zirkel einen Kreis in die Mitte Ihres Steines. Setzen Sie die Zirkelspitze auf die Kreislinie und zeichnen Sie mit dem gleichen Radius einen weiteren Kreis. Nun setzen Sie die Zirkelspitze an einem Schnittpunkt mit dem Innenkreis wieder an und zeichnen einen weiteren Kreis, und so weiter, bis Sie sechs Kreise um den Innenkreis gezeichnet haben und sechs Blätter im Hauptkreis entstanden sind. Zeichnen Sie nun mit einem etwas kleineren Radius jeweils Kreisbögen in den äußeren Teil der Blätter. Zeichnen Sie dann zwei große konzentrische Kreise, die das Muster ringförmig umgeben.

2 Malen Sie Ihre Zeichnung nun mit Acrylfarben farbig aus und ziehen Sie die Umrisse mit einem schwarzen Fineliner oder mit einer Feder nach.

3 Skizzieren Sie in Bleistift innen und außen weitere Motive auf dem Stein.

4 Legen Sie die hinzugekommenden Details farbig an, für die kleinen Flächen am besten mit Acrylfarbstiften.

5 Zeichnen Sie mit einem schwarzen Fineliner Konturlinien um die Details. Sie können Ihren Stein mit Blättern innerhalb der Halbkreise, mit Diagonalen innerhalb der Dreiecke um den Hauptkreis und mit Halbkreisen im äußeren Teil verzieren.

6 Zeichnen Sie mit einem weißen Acrylfarbstift kleine Linien in die Blätter in der Mitte und setzen Sie schwarze Punkte über die Trennlinien. Setzen Sie eine Reihe schwarzer Punkte an den Rand des Innenkreises und an den Außenseiten der sechs kleinen Dreiecke weiße Punkte. Fügen Sie den Figuren innerhalb der Halbkreise gelbe Punkte und schwarze Linien hinzu und setzen Sie dicke rote Punkte dort, wo sich die Halbkreise treffen. Zum Schluss tupfen Sie rote und gelbe Punkte in die äußeren Halbovale und malen kleine weiße Linien in die blauen Dreiecke.

Woche 13

Herzlichkeit
Das Herz-Mandala

„Die einzig bleibende Schönheit ist die Schönheit des Herzens."
Dieser Spruch von Sufi Rumi unterstreicht, wie wichtig es ist, unser Leben mit dauerhaften zeitlosen Dingen zu füllen. Ich liebe es, mein Herz mit guten Gefühlen aller Art zu füllen. Das hilft mir, positiv und glücklich zu sein.
So zeigt sich das Herz-Mandala voller Farben und Freude.

1 Suchen Sie einen herzförmigen Stein. Wenn dies nicht möglich ist, nehmen Sie einen Stein, auf den eine größere herzförmige Zeichnung gut passt. Zeichnen Sie ein Herz auf Ihren Stein. Setzen Sie die Zirkelspitze auf den unteren Punkt des Herzens und zeichnen Sie als Hilfslinien verschiedene Kreisbögen in die Herzfigur. Dann teilen Sie diese Bögen mit dem Winkelmesser in 10°-Schritten durch strahlenförmige Linien, beginnend von der Mittellinie aus zu den Außenseiten. Diese Hilfslinien sollen das Zeichnen der Motive erleichtern. Füllen Sie die Segmente mit Herzen, Dreiecken und kleinen Halbovalen.

2 Fügen Sie helle kräftige Farben hinzu, die fröhlich und freundlich wirken.

3 Zeichnen Sie mit einem schwarzen Fineliner Konturlinien um alle Gestaltungselemente.

4 Rote und rosafarbene Farbtupfer geben den kleinen Herzen mehr Präsenz, und weiße Punkte dazwischen auf den türkisfarbenen Flächen wirken aufmunternd. Setzen Sie in die Reihen von Dreiecken und Blütenblättern winzige schwarze Linien, auch kleine Pflanzen mit Blättern und kräftige bunte Punkte. Legen Sie eine goldfarbene Konturlinie um das Motiv, um Ihr Herz-Mandala zu vollenden.

Woche 14

Freundschaft
Das Blumenstrauß-Mandala

Das Wort *Freundschaft* lieferte die Inspiration für das Blumenstrauß-Mandala: miteinander verbundene Blumen mit Blättern und Blumenmotiven und einer Blüte in der Mitte. Freundschaften müssen ebenso wie Blumen genährt werden. Wenn wir das tun, werden sie wachsen und zu Beziehungen werden, die uns dauerhaft verbinden.

1 Wählen Sie einen runden Stein mit einer glatten Oberfläche und bemalen Sie ihn mit zwei Schichten schwarzer Acrylfarbe. Wenn die Farbe vollständig getrocknet ist, können Sie Ihren Entwurf mit einem weißen Acrylfarbstift auftragen.

2 Zeichnen Sie mit dem Zirkel einen kleinen und einen großen Kreis und ein Blumenmotiv in der Mitte. Zeichnen Sie einige Blütenblätter um den kleinen Kreis. Zeichnen Sie einen noch größeren Kreis, fast so groß wie der Stein, und teilen Sie ihn mit dem Winkelmesser in 45°-Segmente. Auf diese Weise haben Sie für jede der acht Blumen eine Mittelachse. Verbinden Sie die Blumenskizzen durch Blumenmotive und Blätter, die im Zick-Zack mit dem mittleren Kreis verbunden sind.

3 Jetzt können Sie Ihren Entwurf mit Acrylfarben oder -stiften farbig ausmalen: Rosa für die mittlere Blume, Rot und Rosa für die acht kleinen Blüten, Hellblau für die Blumenmotive und Hellgrün für die Blätter.

4 Fügen Sie weitere Farben hinzu: Dunkelorange für die Blütenblätter und hellblaue rautenförmige Formen zwischen ihnen. Gelb für den dreieckigen Keil zwischen den Blättern sorgt für ein helles Aussehen. Verwenden Sie einen schwarzen Acrylfarbstift mit einer feinen Spitze, um die weißen Bleistiftstriche zu überdecken. Fügen Sie Details zu den Blumen, Blütenblättern und Blättern mit einem schwarzen Fineliner hinzu.

5 Zeichnen Sie mit einem dünnen Fineliner kleine Farne in die mittlere Blume, Linien in die Blütenblätter und pflanzliche Motive in die gelben Dreiecke. Fügen Sie Rispenlinien zu den Blättern sowie Punkte und Linien zu den Blüten hinzu. Sie können den Kontrast des Mandalas erhöhen, indem Sie kleine weiße und farbige Punkte um die Kreise, in den Raum zwischen den Blumenmotiven und zwischen den Blumen und Blättern einfügen.

Woche 15

Liebe
Das Rosa-Herz-Mandala

Im Leben dreht sich alles um Liebe, und dieses Gefühl kann unser Leben durchaus prägen. Das Herz ist das häufigste Symbol der Liebe und das Rosa-Herz-Mandala steht für unsere allumfassende Liebe!

1 Arbeiten Sie auf der natürlichen Oberfläche des Steins und bestimmen Sie den Mittelpunkt. Zeichnen Sie mit dem Zirkel fünf konzentrische Kreise. Dadurch entstehen 4 Ringe für die verschiedenen Motive. Zeichnen Sie im 1. Ring Blütenblätter um die Mitte. Fügen Sie im 2. Ring eine Reihe von Dreiecken hinzu. Im 3. Ring sind Herzen vorgesehen. Zeichnen Sie Blütenblätter in den 4. Ring und setzen Sie kleinere Blütenblätter hinein.

2 Malen Sie Ihre Zeichnung mit hellen Farben, Acrylfarben und Acrylfarbstiften aus.

3 Zeichnen Sie um alle Elemente Ihrer Zeichnung Konturlinien, am besten mit einem dünneren Fineliner.

4 Verwenden Sie schwarze Fineliner, Acrylfarbstifte und weiße Tinte zum Ausführen der Details. Setzen Sie einen dicken roten Punkt in die Mitte und weiße kleine Punkte drumherum. Blattförmige Motive in den Blütenblättern und schwarze Dreiecke dazwischen ergeben eine lebendige Blüte. Schmücken Sie im zweiten Ring die Dreiecke mit farbigen Punkten und kleinen Dreiecken. Malen Sie im 3. Ring rote Herzen in die rosa Herzen hinein. In den 4. Ring fügen Sie kräftige gelbe Punkte in die kleineren Blütenblätter und kleine Linien zwischen den kleinen und großen Blütenblättern ein. Fügen Sie zu den Blütenblattspitzen pflanzenartige Motive hinzu. Setzen Sie zwischen die großen Blütenblätter Dreiecke und verzieren Sie sie mit Punkten und Linien. Tupfen Sie weiße Punkte in die Bereiche zwischen den Dreiecken. Fügen Sie kleine weiße Punkte um den zweiten und dritten Kreis ein sowie rosa und weiße Konturen um die Herzen. Zum Schluss ziehen Sie noch eine rosa Kontur um das gesamte Mandala.

Woche 16

Einheit
Das Blütenträume-Mandala

In der Einheit liegt Schönheit und Kraft, aber nur wenn Herz und Verstand in Einklang sind. Mandalas sind dynamische Symbole der Einheit. Hier wird das Thema durch die Weltkugel (den Kreis) symbolisiert, die von Blumen in verschiedenen Farben und Formen umgeben ist.

1 Ein runder Stein eignet sich gut für dieses Projekt. Zeichnen Sie drei konzentrische Kreise, um die einzelnen Bereiche der Zeichnung festzulegen. Füllen Sie den Bereich zwischen den inneren beiden Kreisen mit roter und den äußeren Ring mit schwarzer Farbe.

2 Malen Sie einen schmalen grünen Ring über den zweiten Kreis und den Innenkreis weiß. Zeichnen Sie dann mit einem weißen Stift verschiedene Blumen im äußeren Ring, wobei der Abstand zwischen den Motiven gleich ist. Die Stiele sollten bis an den inneren Kreis reichen. Alle Motive werden freihändig gezeichnet. Fügen Sie Blätter hinzu, deren Spitzen den grünen Kreis außen und deren Ansätze den roten Kreis berühren.

3 Fügen Sie zwei Reihen von Halbkreisen um den äußeren Ring hinzu. Malen Sie die Blumen mit verschiedenen hellen Farben aus. Der schwarze Hintergrund sorgt für einen schönen Kontrast. Malen Sie die Blätter hellgrün und fügen Sie kleinere Blätter hinzu. Für die Stiele ziehen Sie feine Striche mit einem türkisfarbenen Stift. Setzen Sie einen kräftigen blauen Punkt in die Mitte und füllen Sie die äußeren Halbkreise mit blauer und blau-grüner Farbe.

4 Mit einem schwarzen Fineliner (kleine Spitzen 0,1 oder 0,2 mm) zeichnen Sie nun Details auf die Blumen. Einfache Linien und Punkte lassen Ihre Blumen und Blätter schön aussehen. Ziehen Sie Konturen um die Stiele und die Reihen von Halbkreisen. Um den großen Mittelpunkt fügen Sie Halbkreise hinzu und füllen den Bereich zwischen 1. und 2. Kreis mit Linien. Gelbe Punkte in der roten Fläche zwischen den Blättern wirken auflockernd und heiter. Vollenden Sie Ihre Blütenträume-Mandala, indem Sie in den außenliegenden Halbkreisen Linien hinzufügen.

Woche 17

Lernen
Das Meister-Mandala

„Lernen ist ein Schatz, der seinem Besitzer überall nachfolgen wird" (chinesisches Sprichwort). Lernen ist ein nie endender Akt, daher hat das Meister-Mandala in jeder Reihe verschiedene Farben, Formen und Abmessungen, die uns zeigen, wie wir etwas Neues lernen können.

1 Skizzieren Sie Ihren Entwurf auf der natürlichen Oberfläche des Steins. Zeichnen Sie mit dem Zirkel einen oder mehrere Kreise als Hilfslinien, um Ihre Zeilen auszurichten. Zeichnen Sie von der Mitte ausgehend Blütenblätter, Halbkreise und Dreiecke mit verschiedenen Abmessungen.

2 Malen Sie die Motive mit kontrastierenden Farben. Rot, Pink, Orange, Blau und Grün sind eine gute Wahl. Acrylfarbstifte, Acrylfarben und Tinten können verwendet werden.

3 Ziehen Sie alle Elemente mit einem schwarzen Fineliner nach, um den Symbolen Kontur zu geben.

4 Verzieren Sie das Meister-Mandala mit feinen Linien innerhalb der Blütenblätter, Halbkreise und Dreiecke; fügen Sie farbige Umrisslinien und große und kleine farbige Punkte in den Dreiecken hinzu, es können auch augenähnliche Motive und kleine Pflanzen sein.

Woche 18

Aufmunterung
Das Schmetterlings-Mandala

Wir alle müssen unseren Geist stärken, wenn wir uns niedergeschlagen oder traurig fühlen, wenn wir in Schwierigkeiten sind oder schwierige Zeiten erleben. In solchen Situationen hilft es, wenn wir mit unserem/unserer Liebsten in der Natur hinausgehen und uns von deren Schönheit beeindrucken lassen. Möge Sie das Schmetterlings-Mandala aufmuntern!

1 Bestimmen Sie den Mittelpunkt Ihres Steines; zeichnen Sie einen Kreis und einen weiteren konzentrischen mit größerem Durchmesser. Teilen Sie die Kreise mit einem Winkelmesser in acht Abschnitte (alle 45°) und halbieren Sie diese acht Abschnitte noch einmal, so dass 16 Segmente bzw. Dreiecke entstehen. Diese Rasterlinien helfen Ihnen, die 8 Schmetterlinge richtig zu platzieren. Zeichnen Sie ihre Körper jeweils in ein 45°-Segment im Ring zwischen den beiden Kreisen. Fügen Sie die Flügel so hinzu, dass sie jeweils im Segment bleiben und die Flügel des benachbarten Schmetterlings an der gleichen Stelle berühren.

2 Zeichnen Sie einen kleinen Kreis in der Mitte und darin ein Blumenmuster. Fügen Sie außerhalb dieses Kreises Dreiecke hinzu, welche die unteren Teile der Schmetterlingsflügel berühren. Malen Sie Ihre Skizze jetzt mit Farben aus, die zum Wort Aufmunterung passen: hellgrün, magenta und schwarz für die Schmetterlinge; gelb, orange, grün, türkis und brombeerfarben für die anderen Elemente.

3 Ziehen Sie die Konturen Ihres Entwurfes in Schwarz nach und zeichnen Sie in die Blütenblätter winzige Farne sowie Linien in die Dreiecke. Zeichnen Sie Blütenmotive auf die Schmetterlingsflügel mit einem Bleistift und ziehen Sie sie mit einem schwarzen Fineliner nach. Kleine Kreise, Linien und farbige Elemente lockern das Bild weiter auf.

4 Schraffieren Sie die Blume in der Mitte mit kurzen diagonalen Linien, setzen Sie weiße Punkte um die Blütenblätter und fügen Sie weiße Punkte um den Kreis herum ein. Versehen Sie die Schmetterlingskörper mit Linien und Punkten mittels Feder und weißer Tinte bzw. in anderen Farben. Verzieren Sie die Flügel mit konzentrischen Kreisen. Füllen Sie die gelben Flächen zwischen den Schmetterlingen mit pflanzlichen Motiven. Geben Sie den Schmetterlingen noch feine Fühler und umranden Sie zum Schluss das Mandala mit einer kräftigen goldgelben Kontur. Nun ist das Schmetterlings-Mandala bereit zu fliegen!

Woche 19

Schönheit
Das Goldener-Schnitt-Mandala

Schönheit ist schon seit der Antike durch den Goldenen Schnitt definiert. Der Goldene Schnitt, steht für die ideale Proportion, mathematisch ausgedrückt durch die irrationale Verhältniszahl 0,618…, die in der Natur häufig vorkommt. Bei einer Aufteilung nach dem goldenen Schnitt entstehen organische und natürlich wirkende Formen, die als ästhetisch empfunden werden (vgl. Seite 15 - 16). Überzeugen Sie sich selbst beim Goldener-Schnitt-Mandala.

1 Zeichnen Sie mit dem Zirkel einen kleinen Kreis in die Mitte und 5 weitere konzentrische Kreise mit jeweils gleichem Abstand zueinander (1 - 2 cm). Unterteilen Sie die Kreise mit dem Winkelmesser in acht 45°-Segmente und ziehen Sie Hilfslinien durch den Mittelpunkt. Fügen Sie in den Flächen zwischen den fünf Kreisen Dreiecke ein, indem Sie die Schnittpunkte der Kreise und Linien mit Kreisbögen verbinden. (Eine detaillierte Zeichnung finden Sie auf den Seiten 14, 16 - 18.) Alle Dreiecke werden so von größeren Dreiecken umschlossen und lassen insgesamt neue Blattformationen entstehen.

2 Malen Sie auf dem Stein die Dreiecke mit Komplementärfarben aus. Blau, Orange, Rot, Gelb, Türkis, Violett und Lila schaffen einen Kontrast zwischen den Flächen. Wenn die Farbe getrocknet ist, ziehen Sie mit einem schwarzen Fineliner die Konturlinien nach.

3 Verzieren Sie den Stein bzw. die Dreiecke ausgehend von der Mitte mit kräftigen weißen Punkten.

4 Zeichnen Sie zwischen alle Dreiecke blumenartige Motive, die eine dreidimensionale Wirkung entstehen lassen. Setzen Sie Punkte in bzw. an die Kreise, kleine Linien in die Dreiecke und kleine farbige Punkte über die großen weißen Punkte. Vollenden Sie das Goldener-Schnitt-Mandala mit einer kräftigen grünen Kontur ganz außen.

Woche 20

Nahrung
Das Entwicklungs-Mandala

Alles in unserem Leben – unsere Beziehungen, unser Lebensstil, unsere Entscheidungen, unsere Fehler – ist Nahrung für uns. Unsere Erfahrungen helfen uns zu lernen, unsere Schwächen zu akzeptieren und unsere Stärken zu entwickeln. Meditation ist bei solchen Prozessen eine große Hilfe. Das Entwicklungs-Mandala zeigt ein wachsendes Muster, bei dem mit jedem Schritt etwas Schönes entsteht.

1 Zeichnen Sie ein Gänseblümchen in die Mitte Ihres Steins und einen Kreis drumherum. Zeichnen Sie zwei konzentrische Kreise, einen in der Mitte und einen am äußeren Rand des Steins. Zeichnen Sie eine Reihe herzförmiger Blätter in den inneren Ring und Blätter in den äußeren Ring und ganz außen herum einen Kranz von Halbovalen.

2 Malen Sie die Zeichnung mit Acrylfarben, Tinten und Acrylfarbstiften aus. Unterteilen Sie die Blätter und verwenden Sie naturnahe Farbtöne: Grün für Blätter, Gelb und Orange für die herzförmigen Blätter und Rosa für das Gänseblümchen.

3 Fügen Sie mit einem schwarzen Fineliner jedem Element Konturlinien hinzu.

4 Fügen Sie mit dem schwarzen Feineliner weitere Konturen, Linien und pflanzliche Motive hinzu. Setzen Sie dann mit Farbstiften kleine und große Punkte in Rot, Gelb, Blau und Orange auf die Blütenblätter, in die Blätter und zwischen die Pflanzenmotive. Zeichnen Sie mit einem weißen Acrylfarbstift feine Linien und Blätter in jeweils eine Hälfte der Blätter. Setzen Sie in die beiden größeren Kreise kleine weiße Punkte als zweite Kontur und eine Reihe grüner Punkte um den inneren Kreis. So wächst das Entwicklungs-Mandala!

Woche 21

Atem
Das Windmühlen-Mandala

Normalerweise merken wir es nicht, dass der Atem das Wichtigste im Leben ist.
Marcus Aurelius (121 - 189 n.Chr.) sagte: „Wenn Sie morgens aufstehen,
denken Sie daran, welch kostbares Privileg es ist, am Leben zu sein
– zu atmen, zu denken, zu genießen, zu lieben."
Das Windmühlen-Mandala vermittelt mit ruhigen, kühlen Farben den Atem
des Windes sowie in Rot- und Rosatönen die Energie des Lebens.

1 Zeichnen Sie mit dem Zirkel vom Mittelpunkt Ihres Steines aus drei Kreise und teilen Sie diese mit dem Winkelmesser in acht 45°-Segmente. Halbieren Sie die Segmente, so dass 16 Felder entstehen. Zeichnen Sie in der Mitte 8 Blütenblätter auf jede 2. Hilfslinie und im nächsten Ring Halbovale und jeweils an den höchsten Punkten der Halbovale in den äußeren Ring herzförmige Dreiecke, deren Spitzen den äußersten Kreis berühren. Fügen Sie dazwischen kleine Bögen mit drei Blättern darüber ein. Zeichnen Sie auch noch abgeflachte Dreiecke bzw. Klammern um den äußeren Kreis.

2 Legen Sie Ihre Zeichnung in kühlen Farbtönen an, auch die Bereiche außerhalb des Außenkreises. Pastellfarben (mintgrün, türkis, blau und pink) passen gut in Verbindung mit Rot.

3 Wenn die farbigen Flächen trocken sind, zeichnen Sie die Konturlinien mit einem schwarzen Fineliner nach.

4 Fügen Sie weiße Punkte in die roten Blütenblätter und kleine Linien und blaue Punkte dazwischen ein. Setzen Sie in die Halbovale feine schwarze Linien sowie große weiße Punkte und Linien. Fügen Sie zwischen den Halbovalen kleine bunte Bögen mit weißen Punkten darin ein und setzen kleine schwarze Punkte mit dünnen Linien darüber. Betonen Sie die Mittelachsen der roten Dreiecke durch weiße Linien und fügen Sie weiße Details und Punkte hinzu. Zeichnen Sie winzige schwarze und weiße Linien und Punkte in die Motive zwischen den Dreiecken, in die abgeflachten äußeren Dreiecke feine Linien und um alles herum eine satte mintgrüne Kontur mit weißen Punkten darin. Umrahmen Sie Ihr Motiv außen mit einer kräftigen weißen Kontur.

Woche 22

Ruhe
Das Blütenteppich-Mandala

Jeder braucht Ruhe in seinem Leben.
Albert Einstein sagte: „Die Monotonie und Einsamkeit eines
ruhigen Lebens regen den kreativen Geist an."
Das Blütenteppich-Mandala hilft, die innere Ruhe zu fördern, um
ein kreatives Leben in körperlicher und geistiger Gesundheit zu führen.

1 Sie brauchen einen runden, glatten Stein. Skizzieren Sie ein einfaches Blütenmotiv: einen kleinen Kreis in der Mitte und Blütenblätter um ihn herum. Zeichnen Sie weitere Blütenblätter über jedes der inneren Blütenblätter, bis Sie den äußeren Teil des Steins erreicht haben.

2 Malen Sie jedes Blütenblatt in einer anderen Farbe aus. Wählen Sie die Farben frei, ohne nachzudenken, ob sie zusammen passen. Ziehen Sie dann schwarze Konturlinien um alle Teile.

3 Setzen Sie große weiße Punkte in jedes Blütenblatt. Legen Sie mit einem sehr dünnen schwarzen Stift einen Umriss um die Punkte und verbinden Sie die Punkte über dünne Linien mit der Unterseite der Blütenblätter und fügen Sie jeweils auf beiden Seiten zwei weitere kleine Linien-Punkt-Motive hinzu.

4 Wenn Sie Ihr wachsendes Blumenmandala soweit ausgeschmückt haben, legen Sie mit Feder und weißer Tinte oder mit einem weißen Acrylfarbstift noch eine weiße Kontur um jedes Blütenblatt.

Woche 23

Beruhigung
Das Trost-Mandala

Zwei Dinge helfen mir in schwierigen Zeiten: Wandern in der Natur und Zeichnen von Mandalas. Beide haben meditative Wirkungen. Wann immer ich ängstlich, deprimiert oder traurig bin, beruhigen diese beiden Dinge meine Nerven, klären meine Gedanken und bringen mich von schlechten Gefühlen weg. Das Thema des Trost-Mandalas ist Natur: eine große Blume und weitere Blumenmotive drumherum.

1 Bestimmen Sie die Mitte des Steins und zeichnen Sie mit dem Zirkel einen großen Kreis im äußeren Teil des Steins, einen kleinen Kreis in der Mitte und zwei nahe beieinanderliegende in der Mitte. Unterteilen Sie die Kreise mit dem Winkelmesser in acht 45°-Segmente. Zeichnen Sie mit der Kreisschablone acht Halbkreise im äußeren Ring, um ein großes Blumenmuster zu erzeugen.

2 Malen Sie die Zeichnung mit kontrastierenden Farben aus: Orange, Türkis, Hellgrün, Dunkelgelb und Rot. Sie können Acrylfarben, Tinten und Acrylfarbstifte verwenden.

3 Wenn die Farben trocken sind, zeichnen Sie mit einem schwarzen Fineliner Konturlinien.

4 Skizzieren Sie mit einem Bleistift Dreiecke im Ring zwischen den beiden kleineren Kreisen und Halbovale in den mittleren Ring. Zeichnen Sie in jeden äußeren Halbkreis eine Pflanze und malen Sie die neuen Elemente mit Farbstiften aus.

5 Malen Sie eine kleine Blüte in die Mitte und fügen Sie Punkte und farbige Linien hinzu. Setzen Sie in die Dreiecke winzige Schraffurlinien und blaue Punkte über die Trennlinien. Zeichnen Sie zwischen den Dreiecken kleine Bögen und bemalen Sie sie mit Acryfarbstiften. Fügen Sie im ringförmigen Teil Punkte zu den Halbovalen hinzu und zeichnen Sie kleine Dreiecke dazwischen. Geben Sie als Kontrast den Blättern der Pflanzen rote Punkte und Linien, setzen Sie weiße Punkte um die Blätter herum. Schmücken Sie die Flächen zwischen den Halbkreisen mit Blättern und weißen Punkten. Setzen Sie zum Schluss mit blauen und weißen Acrylfarbstiften eine Kontur um den äußeren Kreis.

Woche 24

Der Funke
Das Rosa-Stern-Mandala

Wir tragen alle einen funkelnden Stern in uns. Wer ihn noch nicht entdeckt hat, muss möglicherweise noch suchen, und es braucht Zeit und Mühe, ihn zum Leuchten zu bringen. Versuchen Sie es. Fragen Sie sich, was Sie werden möchten, was Sie schaffen und wie Sie leben wollen. Lassen Sie dieses Rosa-Stern-Mandala der zündende Funke sein, den Sie brauchen.

1 Sie benötigen einen runden Stein mit glatter Oberfläche. Zeichnen Sie einen kleinen Kreis in der Mitte und einen größeren konzentrisch drumherum. Zeichnen Sie zwei weitere konzentrische Kreise am äußeren Rand und teilen Sie die Kreise mit Hilfslinien in acht Segmente. Zeichnen Sie in den inneren Ring Dreiecke, und von deren Spitzen ausgehend große Blütenblätter, deren Spitzen ein wenig über den äußersten Kreis hinausragen.

2 Legen Sie das Innere des kleinsten Kreises in Hellrosa an. Füllen Sie die Dreiecke mit Dunkelrosa/Purpur, den Bereich dazwischen in Türkis und malen Sie die großen Blütenblätter mit einem Metallicfarben-Stift in Rosa aus. Legen Sie den Bereich zwischen den beiden größeren Kreisen ebenfalls mit einer Metallicfarbe in Dunkelrosa an und fügen Sie nach dem Trocknen der bemalten Flächen lange lanzenförmige Dreiecke in die großen Blütenblätter ein. Verwenden Sie Hellrosa für den Bereich zwischen den Blütenblättern.

4 Malen Sie in den inneren Kreis hellblaue Blütenblätter mit schwarzen Linien und Punkten. Fügen Sie im 2. Kreis Halbkreise mit Linien und Punkten zwischen den Dreiecken hinzu. Zeichnen Sie Dreiecke

3 Zeichnen Sie mit einem schwarzen Fineliner Konturlinien um die Motive. Auf den metallic-farbenen Flächen rutscht der Stift deutlich leichter, hier sollten Sie besonders vorsichtig arbeiten.

mit schwarzen Punkten innerhalb dieser Dreiecke. Ziehen Sie um den 2. Kreis einen etwas breiteren Ring in Blau mit kurzen schwarzen Linien. Zeichnen Sie kleine Herzen in Türkis mit rosa Punkten zwischen die großen Blütenblätter und schraffieren Sie die Blütenblätter um die lanzenförmigen Dreiecke in Schwarz. Setzen Sie innerhalb blaue vertikale Linien. Zeichnen Sie außen jeweils drei kleinere Blätter und verzieren Sie sie mit Punkten und Konturlinien. Malen Sie darüber feine schwarze Linien und Punkte und eine blaue Kontur um den äußeren Kreis. Fügen Sie Linien in die Teile der großen Blütenblätter ein, die über den Außenkreis hinausragen. Ihr Rosa-Stern-Mandala wird funkeln!

Woche 25

Auferstehung
Das Frühlings-Mandala

Ich liebe den Frühling! Ich liebe es, zu beobachten, wie getrocknete Äste an Bäumen zum Leben erwachen. Ich liebe den Geruch all dieser Blüten. Alle Dinge in der Natur erwachen zu neuem Leben, und ich spüre in jedem Frühling frische Energie in mir. Beim Frühlingsmandala dreht sich alles um neues Leben.

1 Zeichnen Sie in der Mitte des Steins einen kleinen Kreis und umgeben ihn mit 8 Blütenblättern; zeichnen Sie einen Kreis drumherum und zwei weitere konzentrische Kreise mit jeweils gleichem Abstand um den zweiten Kreis. Zeichnen Sie in diese Ringe Blütenblätter und Halbovale. Fügen Sie noch einen großen Kreis hinzu, der bis an den Rand des Steins reicht, und unterteilen Sie ihn in acht Segmente. Zeichnen Sie in jedes Segment drei ineinandergeschachtelte herzförmige Dreiecke und am äußeren Kreisrand Kreisbögen zwischen die Dreiecke.

2 Malen Sie die Elemente der Zeichnung mit Acrylfarben und feinem Pinsel in unterschiedlichen Farben aus. Helle kräftige Farben stehen für die lebendigen Farben des Frühlings.

3 Wenn die Farbe getrocknet ist, ziehen Sie mit einem schwarzen Fineliner die Konturen nach.

4 Verzieren Sie die Blütenblätter im 1. Ring um den Mittelkreis mit schwarzen Linien und farbigen Konturen an den Bögen. Zeichnen Sie feine Linien und rote Punkte in die Halbovale des 2. Rings und fügen dazwischen noch kleine schwarze Dreiecksspitzen ein. Zeichnen Sie innen in die großen Dreiecke mit einem schwarzen Fineliner Pflanzenmotive und feine Schraffurlinien zwischen die inneren Dreiecke. Ziehen Sie eine weitere Konturlinie um die Kreisbögen und füllen Sie das Band mit feinen Schraffurlinien. In die Bögen platzieren Sie Blattmotive mit grünen Punkten dazwischen.

5 Fügen Sie bei der Blüte in der Mitte noch schwarze Linien und blaue Punkte ein. Ergänzen Sie um die Kreisbögen kleine Bütenblätter mit roten Punkten darin und schmücken Sie die großen Dreiecke mit einer Reihe kleiner weißer Punkte. Legen Sie außen um den äußeren Kreis zunächst einen Kranz aus kleinen Halbkreisen und dann aus Dreiecken, deren Spitzen Sie mit kleinen Bögen verbinden. Zeichnen Sie vor dem farbigen Ausmalen mit Bleistift vor.

6 Zeichnen Sie Konturlinien um die Halbkreise und Dreiecke und fügen Sie Punkte und Linien hinzu. Und da ist es nun, das Frühlingsmandala!

Woche 26

Erwachen
Das Blühende Mandala

Der italienische Opernkomponist Giacomo Puccini sagte: „Inspiration
ist wie ein Erwachen, ein Schub für die menschlichen Fähigkeiten,
der in allen künstlerischen Leistungen zum Ausdruck kommt."
Wenn wir jeden Tag als ein Erwachen betrachten, kommt Veränderung in unser Leben,
mit wachsender Achtsamkeit können wir unsere Ziele erreichen.
Das blühende Mandala zeigt Blüten in jedem Kreis.

1 Zeichnen Sie von der Mitte aus mit dem Zirkel drei konzentrische Kreise. Legen Sie eine kleine Blüte in die Mitte. In den ersten Kreisring zeichnen Sie 10 lanzenförmige Dreiecke. Malen Sie von deren Spitzen ausgehend Halbovale mit kleinen Blättern darin sowie Dreiecke zwischen den Halbovalen in den 2. Ring. Zeichnen Sie große Blütenblätter um den äußeren Kreis mit Halbkreisen darin. Fügen Sie kleine Bögen zwischen die großen Blütenblätter und zwei Reihen kleine Blütenblätter darüber ein.

2 Malen Sie alle Elemente in verschiedenen Farben der Natur aus. Wenn die Farbe vollständig getrocknet ist, ziehen Sie mit Farbstiften kontrastierende Konturlinien um die Dreiecke, Halbovale und die dazwischenliegenden Dreiecke sowie um die großen Blütenblätter. Anschließend können Sie die Umrisse mit einem schwarzen Fineliner nachziehen.

3 Fügen Sie dem Bild mit schwarzem Fineliner weitere Details hinzu: kleine Linien mit Punkten um die Blume herum, diagonale Schraffurlinien in den Dreiecken und dazwischen Halbovale sowie Linien und Punkte. Zeichnen Sie kleinere Halbovale in die größeren und füllen Sie den Zwischenraum mit kurzen Linien. Setzen Sie Linien und Punkte in die dazwischenliegenden Dreiecke. Zeichnen Sie in die großen Blütenblätter strahlenförmige Linien. Setzen Sie kleine Pflanzenmotive in die kleinen Blütenblätter ganz außen.

4 Verzieren Sie die Blüte mit weißen Punkten und schwarzen Punkten drumherum. Platzieren Sie in den lanzenförmigen Dreiecken weiße Punkte als Mittellinie. Fügen Sie weiße Punkte auch in die großen Halbovale ein. Malen Sie kleine schwarze Punkte in den äußeren Kreis. Tupfen Sie große gelbe Punkte in die großen Blütenblätter und ziehen Sie eine goldene Kontur um die Schraffurlinien darauf. Fügen Sie weiße Punkte innerhalb der großen Blütenblätter hinzu und gelbe Punkte in die Blütenblätter ganz außen oberhalb der Bögen. So erwacht das blühende Mandala!

Woche 27

Glaube
Das Violettes Blumen-Mandala

„Glauben Sie daran, dass Sie es schaffen werden, und Sie haben den halben Weg bereits geschafft", sagte US-Präsident Theodore Roosevelt.
Dieser Satz erinnert uns daran, wie sehr die Kraft des Glaubens dabei hilft, alle guten Dinge in unserem Leben zu bewältigen.
Inspiriert von meinem archäologischen Wissen über die Farbe Violett im alten Ägypten kennzeichnet das Violette Blumenmandala die Werte des Glaubens.

1 Zeichnen Sie in die Mitte des Steins eine Blüte mit unregelmäßig geformten Blütenblättern. Zeichnen Sie mit dem Zirkel einen kleinen Kreis um sie herum und zwei weitere größere konzentrische Kreise, wobei der größere bis an den Rand des Steins reichen sollte. Füllen Sie den inneren Ring mit langen Blütenblättern und den äußeren mit rundlichen Blüten und kleinen runden Motiven an der Spitze. Platzieren Sie Blattmotive zwischen den Blüten und fügen Sie außen kleine Blütenblätter hinzu.

2 Malen Sie die Blüte in der Mitte in kräftigem Rosa und Gelb aus, wählen Sie Lila für die Umgebung, Dunkelgelb für die langen Blütenblätter, Violett und Gelb für die runden Blüten, Grün für die Blätter sowie Lila und Rosa für die Blütenblätter. Fügen Sie um die runden Blüten eine dunklere violette Konturlinie hinzu.

3 Zeichnen Sie die Umrisse mit einem schwarzen Fineliner nach. Fügen Sie der mittleren Blüte eine kräftige, unregelmäßig geformte Konturlinie hinzu und füllen Sie die Restflächen um die langen Blütenblätter mit einem schwarzen Acrylfarbstift.

4 Zeichnen Sie mit einem schwarzen Fineliner dünne Striche in die Blüte und die langen Blütenblätter. Fügen Sie kleine Punkte um die Blüte und Linien in den Blütenblättern ein sowie eine rosa Kontur und türkise Punkte in den ersten Kreis. Zeichnen Sie mit einem lila Farbstift Linien in die violetten Blüten. Zeichnen Sie schwarze Blattadern und setzen Sie gelbe Punkte darunter. Für den letzten Schliff des Blumenmandalas verzieren Sie die äußeren gelben Teile mit kleinen Linien und fügen bei den lila Blütenblättern kleine schwarze Linien und gelbe Punkte ein.

Woche 28

Weisheit
Das Achtsamkeits-Mandala

Weisheit ist die Fähigkeit, das eigene Wissen und die Lebenserfahrung zu nutzen, um gute Entscheidungen und Urteile zu treffen. Ich glaube, es geht im Leben nicht so sehr darum, älter zu werden, sondern die diversen Ereignisse in unserem Leben zu akzeptieren und daran zu wachsen.
Das Achtsamkeits-Mandala basiert auf acht großen Blättern, die dafür stehen, sich allen Einflüssen und Ereignissen gegenüber offen zu zeigen, sie klug zu filtern und so zu einer Form von Weisheit zu gelangen.

1 Zeichnen Sie drei konzentrische Kreise, die von der Mitte bis zum äußeren Rand des Steins reichen. Teilen Sie diese Kreise mit dem Winkelmesser in acht 45°-Sektoren und zeichnen Sie die Hilfslinien durch den Mittelpunkt. Malen Sie zwischen Innen- und Außenkreis 8 große Blätter und außen um den größten Kreis noch große Kreisbögen, jeweils von Blattspitze zu Blattspitze und von der Mitte zwischen zwei Blättern zur nächsten Mitte.

2 Zeichnen Sie ein Gänseblümchen in die Mitte und malen Sie es blau, grün und rosa aus. Zeichnen Sie Bögen zwischen den Blättern und legen Sie sie mit weißen Konturlinien und einer Füllung in Rot an. Ziehen Sie kräftige goldene Konturlinien um die Blätter und malen Sie die Flächen türkis aus. Ziehen Sie um den äußeren Kreis eine weiße Konturlinie und dünne weiße Linien in die Dreiecke, die durch die Schnittpunkte der großen Blütenblätter gebildet werden.

3 Fügen Sie mit schwarzem Fineliner und farbigen Acrylfarbstiften dünne Linien in die inneren Blütenblätter, mit rosa Punkten an der jeweils längsten Linie. Fügen Sie in die Flächen zwischen den großen Blättern schwarze Schraffurlinien hinzu und über den kleinen Bögen kurze schwarze Linien mit Punkten.

4 Verzieren Sie die äußeren Blütenblätter und tupfen Sie auf beiden Seiten der Dreiecke rote Punkte. Setzen Sie innerhalb der großen, türkisfarbenen Blätter drei Punkte (klein, mittel und groß). Tupfen Sie rote Punkte über diese weißen Punkte und beenden Sie das Achtsamkeits-Mandala mit einer kräftigen orangefarbenen Kontur.

Woche 29

Anerkennung
Lebensbejahendes Mandala

„Wir können nichts ändern, bis wir es akzeptieren. Verurteilung macht nicht frei, sie unterdrückt." sagte Carl Jung, Psychiater und Psychoanalytiker, der die analytische Psychologie begründete. Anerkennung ist der erste Schritt, um unsere Probleme klar zu sehen und zu versuchen, sie aus einer ruhigen, neutralen Perspektive zu lösen. Das Lebensbejahende Mandala ist mit kleinen Blüten und Blättern geschmückt, die den Sonnenschein aufnehmen.

1 Nachdem Sie den Mittelpunkt des Steins festgelegt haben, zeichnen Sie drei Kreise mit dem Zirkel. Um den inneren Kreis und die beiden äußeren Kreise skizzieren Sie Blütenblättern. Bei einem Stein mit dunkler Oberfläche verwenden Sie am besten einen weißen Acrylfarbstift.

2 Malen Sie den Ring und die Blütenblätter mit Acrylfarben und -tinten in verschiedenen Blautönen aus.

3 Wenn die Farben trocken sind, zeichnen Sie die Konturlinien in Schwarz nach.

4 Setzen Sie kräftige rosa Punkte in die inneren Blütenblätter und verbinden Sie sie mit schwarzen Linien mit dem inneren Kreis. Fügen Sie jeweils zwei kleine weiße Punkte auf beiden Seiten der Linien ein. Setzen Sie weiße Punkte um den mittleren Kreis und legen Sie eine weiße Kontur um den äußeren Kreis. Ziehen Sie Konturen in Orange und Rosa um die großen Blütenblätter und fügen Sie rosa und rote Punkte hinzu.

5 Malen Sie schräg liegende Blätter in den Ring zwischen dem zweiten und dem dritten Kreis. Setzen Sie gelbe und grüne Blätter über die roten und rosa Punkte auf den großen Blütenblättern, um sie in Blumen zu verwandeln. Legen Sie kleine farbige Bögen außen über die roten und rosa Punkte und setzen Sie weiße Punkte unter die Bögen. Fügen Sie unterhalb der gelben und grünen Blätter orange und gelbe Punkte ein.

6 Malen Sie in der Steinmitte eine Blüte mit grünen Blütenblättern, setzen da hinein schwarze Linien und gelbe Punkte und tupfen weiße Punkte um die Blüte herum. Zeichnen Sie eine dicke schwarze Kontur auf den inneren Kreis und türkisfarbene Punkte darauf, und rote Punkte auf die schrägliegenden grünen Blätter. Malen Sie den Bereich zwischen den Blütenblättern am Rand schwarz mit kleinen Rundungen an der Außenseite und setzen Sie türkise Punkte hinein. Ziehen Sie zum Schluss eine hellgrüne Kontur um das Mandala.

Woche 30

Gnade
Das fröhliche Mandala

Wenn wir unsere guten Erlebnisse zählen, nicht unsere Probleme, fällt es leichter, glücklich zu sein. Glücklich sind wir, wenn wir die positiven Aspekte unserer Erfahrungen wahrnehmen und wissen, welche Bedeutung sie in unserem Leben haben. Diejenigen, die wissen, wie man glücklich ist und das Glück an andere weitergeben, sind in der Tat begnadet. Das fröhliche Mandala veranschaulicht das.

1 Bestimmen Sie die Mitte des Steins und zeichnen Sie dort einen kleinen Kreis. Fügen Sie mit dem Zirkel einen größeren Kreis hinzu. Teilen Sie diesen Kreis in acht Abschnitte, platzieren Sie in jeden Abschnitt innen einen kleinen Kreis und zeichnen Sie kleine Dreiecke dazwischen. Außen an den größeren Kreis zeichnen Sie einen Kranz aus halbovalen Blütenblättern und dazwischen rautenförmige Blätter. Zeichnen Sie darüber große dreieckige Blütenblätter mit großen Halbkreisen darin, die bis zum Rand reichen. Verzieren Sie den Raum zwischen den großen Blütenblättern mit kleinen Dreiecken und weiteren Blütenblättern. Umranden Sie das Motiv mit einem großen Kreis und einem Kranz aus Halbovalen.

2 Malen Sie die Zeichnung mit Acrylfarben und Tinten oder Acrylfarbstiften für kleine Flächen aus. Helle lebendige Farben sorgen für einen heiteren, fröhlichen Eindruck.

3 Ziehen Sie die Zeichnung mit dicken schwarzen Konturlinien nach, am besten mit einem schwarzen Fineliner oder einem feinen schwarzen Acrylfarbstift.

4 Fügen Sie dem Mandala Details hinzu, wie im Beispiel gezeigt. Als Schmuckelemente kommen kleine Linien, Punkte (große, fette, bunte und kleine weiße) sowie farbige Konturlinien infrage. Lassen Sie Ihrer Fantasie freien Lauf, um die Farben und Elemente zu variieren!

Woche 31

Traum
Das bunte Mandala

Träumen ist ein Akt reiner Fantasie. Das bunte Mandala ist wie ein Traum, der aus vielen verschiedenen Farben, Farbtönen und Schattierungen besteht. Es fängt die Welt ein und ist voller guter Energie!

1 Malen Sie am besten direkt auf die natürliche Oberfläche des Steins, die groß, rund und glatt sein sollte. Skizzieren Sie das Motiv mit einem Bleistift. Beginnen Sie mit einer Blüte in der Mitte und verschiedenen Dreiecken, Halbovalen und Halbkreisen.

2 Malen Sie das Motiv mit hellen Pastellfarben aus. Sie können Acrylfarbstifte sowie Acrylfarben und Tinten verwenden.

3 Wenn die Farbe vollständig getrocknet ist, zeichnen Sie mit dem Bleistift feine Details in die Dreiecke, Halbovale und Halbkreise ein.

4 Malen Sie diese Details mit neuen Farben aus und ziehen dann mit einem schwarzen Fineliner Konturen um alle Details.

5 Verwenden Sie nun einen schwarzen Fineliner, um weitere Elemente hinzuzufügen. Setzen Sie Trennlinien in die Dreiecke und kleine Pflanzen, Linien und Punkte in die Halbovale und Halbkreise, um Ihr Mandala lebendig und dynamisch zu gestalten.

6 Fügen Sie den Blütenblättern, Dreiecken und Halbblüten mit verschiedenen Farbstiften kleine und große Punkte hinzu. Zeichnen Sie zusätzliche weiße, blaue und gelbe Linien in die Dreiecke und Halbkreise. Zuletzt legen Sie mit Goldtinte und Feder eine kräftige Konturlinie um das Mandala.

Woche 32

Einfühlung
Das Farbfolgen-Mandala

Einfühlung ist wichtig, um besser zu leben. Wenn wir Dinge durch die Augen einer anderen Person sehen und ihre Gefühle herzlich teilen können, wird es uns helfen, sie zu verstehen und mit ihr wirklich in Verbindung zu treten. Das Farbfolgen-Mandala besteht aus Ringen von Blütenblättern und Dreiecken. In jedem Ring ändern sich Farben und Muster mit Bezug zum vorherigen; das zeigt, wie wir uns entwickeln können, wenn wir beginnen, die Dinge durch die Augen des anderen zu sehen.

1 Skizzieren Sie eine kleine Blüte in der Mitte des Steins. Zeichnen Sie zwei konzentrische Kreise drumherum, die den inneren Ring bilden. Zeichnen Sie zwei weitere konzentrische Kreise für den äußeren Ring am Rand des Steins. Füllen Sie nun den inneren Ring mit Halboval-Blütenblättern und zeichnen außen zwei Ringe aus Dreiecken mit jeweils kleinen Bögen dazwischen. Zeichnen Sie in den äußeren ringförmigen Bereich wieder Halbovalblätter und fahren Sie mit weiteren Ringen aus Dreiecken und Halbovalblättern bis zum Rand des Steins fort.

2 Malen Sie die Gestaltungselemente in verschiedenen Farben aus. Verwenden Sie Pastellfarben und helle Farben, um einen angenehmen Kontrast zu erzielen.

3 Ziehen Sie die Umrisse mit einem schwarzen Fineliner nach.

4 Zeichnen Sie Linien- und Punktmotive innerhalb und außerhalb der Blüte. Zeichnen Sie im inneren Ring spitze schwarze Dreiecke zwischen die Blütenblätter und innerhalb der Blütenblätter feine Linien und Punkte. Fügen Sie in die innere Reihe von Dreiecken feine Linien ein, die oben zusammentreffen. Setzen Sie in die kleinen Bögen innere Konturlinien. Malen Sie orangene Punkte in die Dreiecke in der nächsten Reihe und zeichnen Sie dazwischen kleine Pflanzenmotive. Fügen Sie in der Reihe darüber feine Linien ein. Die großen halbovalen Blütenblätter verzieren Sie mit Konturen, kleinen Linien und Punkten. Platzieren Sie in die äußeren Dreiecke schwarze Linien sowie weiße Punkte und kleine schwarze Linien in die Blütenblätter ganz außen. Zum Abschluss setzen Sie Reihen kleiner weißer Punkte um die Kreise.

Woche 33

Zauber
Das Glasscherben-Mandala

Auf Glasscherben aus dem Meer können Sie wunderschöne Motive gestalten, auch weil die Scherben eine andere Oberfläche haben als Steine und in erstaunlichen Farben vorkommen. Das Glasscherben-Mandala ist inspiriert von dem Wort „Zauber", denn die Malerei auf diesem Material entfaltet eine gewisse magische Wirkung!

1 Sie benötigen verschiedenfarbige Glasscherben; sammeln Sie möglichst solche, die vom Meer abgeschliffen sind und eine matte Oberfläche und stumpfe Kanten haben.

2 Zeichnen Sie Ihre Motive mit einem harten Bleistift (6H) vor. Verwenden Sie auf dunklen Oberflächen einen weißen Stift.

3 Malen Sie Ihre Motive farbig aus. Acrylfarbstifte mit feiner Spitze eignen sich am besten, schon weil die Glasscherben meist recht klein sind. Die meisten Oberflächen sind nicht gleichmäßig und glatt. Daher ist es wichtig, die Farbstifte beim Arbeiten ohne starken Druck zu führen, um Farbkleckse zu vermeiden.

4 Ziehen Sie Konturen um Ihre Motive. Verwenden Sie einen schwarzen Fineliner mit sehr feiner Spitze für die kleinen Mandalas und Blumen sowie weiße Tinte und Feder für die Umrisse der Blätter. Denken Sie daran: Drücken Sie die Stifte nicht zu fest auf.

5 Mit Fineliner und Acrylfarbstiften verzieren Sie Ihre Motive weiter durch feinen Linien und Punkte. Ziehen Sie dünne farbige Linien um die Motive, um Ihrem Glasscherben-Mandala ein prägnates Aussehen zu geben!

6 Sie können auf dunklen Glasscherben nur mit weißer Tinte und einer sehr feinen Feder zeichnen. Zeichnen Sie entsprechend kleine Mandalas, ohne vorher eine Skizze anzufertigen, und lassen Sie sich dabei von Ihrer Eingebung leiten. Arbeiten Sie langsam und mit ruhiger Hand.

Woche 34

Hoffnung
Das Sonnenaufgangs-Mandala

„Optimismus ist der Glaube, der zum Erfolg führt.
Ohne Hoffnung und Vertrauen kann nichts gelingen", sagte Helen Keller.
Es ist so einfach: Wir brauchen Hoffnung, um ein erfülltes Leben führen zu können.
Das Sonnenaufgangs-Mandala zeigt, dass jeder Tag neue Hoffnung bringt.

1 Grundieren Sie Ihren Stein mit gelber Acrylfarbe. Tragen Sie die erste Schicht mit einem flachen Pinsel auf. Wenn sie vollständig trocken ist, tragen Sie eine weitere Schicht auf, um eine helle, gut deckende Farboberfläche zu erhalten.

2 Zeichnen Sie Ihren Entwurf in Bleistift. Bestimmen Sie die Mitte des Steins und beginnen Sie mit einem kleinen Blumenmotiv. Zeichnen Sie mit dem Zirkel drei konzentrische Kreise, einen kleinen in der Mitte, einen mittleren und einen großen zum äußeren Rand hin. Füllen Sie die Ringe mit Halbkreisen und Dreiecken und beginnen Sie nach und nach, sie in Farbe auszumalen.

3 Ziehen Sie mit einem schwarzen Fineliner die Umrisslinien nach. Wenn die Tinte getrocknet ist, können Sie Ihrem Entwurf weitere Details hinzufügen.

4 Schmücken Sie Ihren Stein weiter. Sie können Linien- und Punktmotive, Linienserien, pflanzenähnliche Figuren, Punkte in unterschiedlichen Größen und Farben verwenden. Arbeiten Sie mit schwarzen Stiften, Acrylfarbstiften und Acrylfarben mit Feder. Die Möglichkeiten sind beim Sonnenaufgangs-Mandala unendlich vielfältig!

Woche 35

Erneuerung
Das Neue-Horizonte-Mandala

Meditation ist die beste Art, unseren Geist zu beruhigen und klar darüber nachzudenken, was wir ändern können, um unser Leben zu verbessern. Meditation fördert auch unser kreatives Denken und gibt uns gute Hinweise, um Neues zu schaffen. Das Neue-Horizonte-Mandala verwendet ein stilisiertes Segelsymbol, um das Erkunden und den Wunsch nach Veränderung darzustellen.

1 Beginnen Sie mit einem kleinen Kreis in der Mitte des Steins. Zeichnen Sie vier zusätzliche Kreise mit dem Zirkel und unterteilen Sie sie in vier Viertel. Zeichnen Sie in der Mitte ein kreuzförmiges Motiv mit gebogenen Linien an den Enden. Legen Sie halbovale Blütenblätter um den zweiten Kreis und ein kettenartiges Band in den Ring zwischen dem dritten und vierten Kreis. Zeichnen Sie dann spitze Dreiecke in den Ring zwischen dem vierten und fünften Kreis, so dass die Spitzen den fünften Kreis berühren. Ziehen Sie einen sechsten Kreis ganz außen herum.

2 Malen Sie die Zeichnung in blauen und roten Farbtönen aus. Fügen Sie kleine dreieckige Elemente in Orange zwischen die spitzen Dreiecke ein. Verwenden Sie für die Kettenlinien weiße Farbe.

3 Ziehen Sie mit einem dunkelblauen Acrylfarbstift Konturlinien auf den vierten und fünften Kreis. Zeichnen Sie auch Konturlinien auf alle anderen Elemente Ihres Werkes.

4 Setzen Sie kräftige rote Punkte zwischen die Balken des Kreuzes und malen Sie kleine blaue Punkte und Ovale drumherum. Zeichnen Sie kleine ineinanderliegende Halbovale in die Blütenblätter. Fügen Sie um den vierten Kreis einen Ring aus weißen Punkten hinzu. Zeichnen Sie mit einem feinen weißen Stift Linien in die Dreiecke und setzen Sie kräftige orangene Punkte dazwischen. Zeichnen Sie in den äußeren Ring eine blaue wellenförmige Linie und setzen Sie in jeden Wellenberg einen weißen Punkt. Das Neue-Horizonte-Mandala erwartet Sie.

WOCHE 36

Freude
Das Blumen-Mandala

Ein freudvolles Herz schafft ein fröhliches Leben, und Ihre Seele überträgt dieses Glück auf andere. Positiv zu sein, ist ein erster Schritt. Es ist nicht einfach, aber Meditation hilft uns, unser Gleichgewicht zu finden und eine positive Grundhaltung zu erreichen.
Das Blumenmandala mit seiner Farbenvielfalt steht für Freude!

1 Legen Sie den Mittelpunkt des Steins fest und zeichnen Sie mit dem Zirkel einen kleinen Kreis. Teilen Sie diesen Kreis mit einem Winkelmesser in acht 45°-Sektoren und ziehen Sie Hilfslinien durch den Mittelpunkt. Zeichnen Sie einen großen Kreis, mit etwas Abstand zum Rand des Steines. Die 8 Schnittpunkte zwischen den Hilfslinien und dem großen Kreis sind die Zentren für acht kleinere Kreise. Zeichnen Sie in diese 8 Kreise jeweils eine Blüte und fügen Sie lanzenförmige Dreiecke in den Raum zwischen dem ersten Kreis und den Blumenkreisen ein.

2 Malen Sie die Zeichnung mit hellen und lebhaften Farben für die Blumen und mit Grüntönen für die Blätter aus.

3 Ziehen Sie die Umrisslinien mit einem schwarzem Fineliner nach. Fügen Sie Halbkreise über den acht Blüten ein und legen Sie den Hintergrund in hellgelber Farbe an.

4 Zeichnen Sie nun mit einem schwarzen Fineliner weitere Details in das Blumen-Mandala. Fügen Sie feine Linien, pflanzenähnliche Elemente, Linien- und Punktmotive, Blattadern und kleine Dreiecke hinzu, um die Blumen verfeinern. Ergänzen Sie dann mit Acrylfarbstiften Blätter, Umrisslinien und Punkte. Was für ein schöner Anblick!

Woche 37

Gefühl
Das Starke-Gefühle-Mandala

Das Starke-Gefühle-Mandala kommt mit nur drei Farben aus: Rot, Schwarz und Weiß. Das Muster steht für die Zeiten, in denen wir uns gut oder schlecht fühlen. Unser Leben ist voller heller, glücklicher und auch dunkler Tage.

1 Wählen Sie einen runden Stein und grundieren Sie ihn mit roter Acrylfarbe. Tragen Sie nach dem Trocknen eine zweite Farbschicht auf. Wenn auch die getrocknet ist, zeichnen Sie in der Mitte einen kleinen Kreis mit Blütenblättern drumherum. Fügen Sie zwischen den Blütenblättern weitere Blütenblätter und eine Reihe größerer ein. Zeichnen Sie dann einen Kreis, der diesen inneren Teil der Zeichnung umgibt. Fügen Sie um diesen Kreis große dreieckige Blütenblätter mit kleineren dazwischen hinzu. Zeichnen Sie einen dritten Kreis um diesen Teil und platzieren Sie außen zwei Reihen aus Halbovalen. Arbeiten Sie mit einem schwarzen Fineliner; da die Oberfläche durch die Acrylfarbe etwas glatt ist, lässt sich mit dem Bleistift nicht so gut zeichnen.

2 Ziehen Sie den kleinen Kreis in der Mitte und die zweite Reihe von Blütenblättern mit einem kräftigeren schwarzen Acrylfarbstift nach. Fügen Sie in die Blütenblätter in der dritten Reihe dicke Halbovale ein. Legen Sie eine breite schwarze Konturlinie über die großen Blütenblätter, zeichnen Sie ein kleines Blütenblatt hinein und setzen Sie dünne Schraffurlinien dazwischen. Zeichnen Sie feine Linien und Dreiecke in die Blütenblätter zwischen den großen Blütenblättern. Füllen Sie die erste Reihe von Halbovalen außen mit schwarzer Farbe.

3 Fügen Sie dünne rote Konturen in die zentrale Blüte ein. Zeichnen Sie dann mit einem feinen weißen Acrylfarbstift (oder mit weißer Tinte und Feder) Konturlinien in die Blütenblätter.

4 Verzieren Sie mit einem weißen Acrylfarbstift die Halbblätter in den Blütenblättern mit Konturen und kleinen Punkten. Zeichnen Sie in die großen Blütenblätter und in die feinen Pflanzenmotive Punkte. Zeichnen Sie kleine weiße Halbovale in die schwarzen Halbovale.

5 Fügen Sie innerhalb des zweiten Kreises feine schwarze Schraffurlinien mit einer Feder oder einem Fineliner ein. Das Tupfen von weißen Punkten in größere, noch einfarbige Flächen des Mandalas gibt ihm den letzten Schliff.

Woche 38

Magie
Das blassrosa Mandala

„Magie ist, an sich selbst zu glauben. Wenn Sie das können, können Sie alles erreichen", sagte Johann Wolfgang von Goethe.
Das Blassrosa-Mandala bringt Sie auf den Weg.

1 Bestimmen Sie die Mitte des Steins und zeichnen Sie mit dem Zirkel drei Kreise. Teilen Sie sie mit einem Winkelmesser durch Hilfslinien in acht 45°-Segmente. Zeichnen Sie eine Blüte in die Mitte, Dreiecksblätter drumherum und um den mittleren Kreis weitere große Dreiecksblätter. Fügen Sie kleine Dreiecke dazwischen ein.

2 Malen Sie Ihre Zeichnung farbig aus in den Tönen rosa, magenta und lila.

3 Ziehen Sie mit einem schwarzen Fineliner die Umrisslinien nach.

4 Setzen Sie in die Blütenblätter in der Mitte schwarze Linien und Punkte und in die dazwischenliegenden Flächen weiße Punkte. Zeichnen Sie in die im ersten Kreis liegenden Blütenblätter eine schwarze Mittellinie und schraffieren Sie jeweils eine der Hälften diagonal, während Sie mit einem weißen Acrylfarbstift in die anderen Hälften blätterartige Formen setzen. Zeichnen Sie weiße Gitterlinien in die Flächen zwischen den Blütenblättern und setzen Sie in jedes Rechteck einen kleinen weißen Punkt. Füllen Sie die Blütenblätter um den zweiten Kreis mit weiteren Dreiecken und Linien, und fügen Sie kleine weiße Punkte über den Konturlinien hinzu. Tupfen Sie kleine und große rote Punkte in die kleinen Dreiecke. Zeichnen Sie schwarze Linien und weiße Kreise zwischen die Blütenblätter und Dreiecke. Um dem Mandala den letzten Schliff zu geben, zeichnen Sie mit einem feinen weißen Acrylfarbstift Umrisslinien um die Blüten und die Dreieckreihen.

Woche 39

Veränderung
Das Mohnblumen-Mandala

„Einige Maler verwandeln die Sonne in einen gelben Fleck. Andere verwandeln einen gelben Fleck in die Sonne." Inspiriert von diesem Spruch von Pablo Picasso verwandelt sich das Mohnblumen-Mandala in eine wunderschöne Blume.

1 Für dieses Projekt benötigen Sie einen runden Stein, rote Acrylfarbe und einen Pinsel mit abgerundeten Borsten. Zeichnen Sie einen großen Kreis, der bis nahe an den äußeren Rand des Steins reicht, und malen Sie das Innere rot aus.

2 Zeichnen Sie drei unregelmäßige kreisähnliche konzentrische Formen im mittleren Teil des Steins. Skizzieren Sie die Blütenblätter der Blume so, dass die äußeren Teile an den äußeren Kreis reichen.

3 Malen Sie den Bereich zwischen dem zweiten und dem dritten Kreis in Orangetönen aus. Legen Sie den inneren Kreis schwarz an und zeichnen Sie dann mit dem Bleistift parallele Linien in alle Blütenblätter.

4 Ziehen Sie kräftige schwarze Konturlinien um die Blütenblätter und das zweite kreisähnliche Gebilde.

5 Zeichnen Sie feine Linien und Punkte um den schwarzen Mittelpunkt und Linien in den orangefarbenen Ring. Zeichnen Sie feinste Konturen um die parallelen Linien in den Blütenblättern. Fügen Sie diesen Linien mit einem orangefarbenen Acrylfarbstift eine Art Schatten hinzu. Dann legen Sie eine breite rote Kontur um den dritten Kreis und innen in alle Blütenblätter.

6 Tupfen Sie in die schwarze Mitte einen Kranz kleiner orangener Punkte, ebenso eine Reihe gelber Punkte um den dritten Kreis. Zum Schluss fügen Sie noch kleine orangene Punkte in die kleinen Blütenblätter am äußeren Rand des Mandalas ein.

Woche 40

Erfolg
Das Kraft-der-Farben-Mandala

Das Geheimnis des Erfolgs besteht darin, alles mit Herz und Seele zu tun.
Wenn wir das lieben, was wir tun, wenn wir genug Geduld haben,
um Rückschläge zu akzeptieren, wo es notwendig ist,
und wenn wir aus unseren Fehlern lernen, sind wir erfolgreich.
Das Kraft-der-Farben-Mandala symbolisiert die bunten Teile unseres Lebens.

1 Beginnen Sie mit einem kleineren Kreis in die Mitte des Steins und legen Sie einen Kranz aus Halbovalen darum. Zeichnen Sie dann zwei konzentrische Kreise, um einen Ring zu erzeugen, der etwa halb so groß ist wie der Stein. Fügen Sie spitze Dreiecke in die Fläche zwischen Ring und erstem Kreis ein. Jedes neue Dreieck sollte in der Mitte der Basis des daneben liegenden Dreiecks beginnen. Zeichnen Sie um die Außenseite des dritten Kreises eine Reihe großer Blütenblätter. Beginnen Sie mit einem ersten Blütenblatt, vierteln Sie die Basis und lassen Sie die nächsten 4 Blütenblätter aus diesen vier Punkten beginnen. Auf diese Weise schneiden sich die Blütenblätter jeweils in mehreren Punkten.

2 Malen Sie die Mitte in hellblau und die Halbkreise in orange aus. Verwenden Sie rot für die Dreiecke und koralle für die sich kreuzenden Teile. Malen Sie den ringförmigen Teil rosa und jedes Viereck der großen Blütenblätter in einer anderen Farbe aus, am besten mit feinen Acrylfarbstiften. Wiederholen Sie die Farbabfolge in den Blütenblättern immer wieder.

3 Zeichnen Sie mit einem schwarzen Fineliner klare Umrisslinien um das Mandala.

4 Nun können Sie die Flächen mit bunten Punkten und Linien verzieren. Platzieren Sie zunächst eine Linie mit Punkten in der Mitte. Fügen Sie schwarze Punkte innerhalb der Halbovale hinzu. Zeichnen Sie ein schwarzes Punkt-Linien-Motiv in die Dreiecke und in den Zwischenraum. Setzen Sie weiße Punkte auf die Schnittpunkte. Fügen Sie kleine Schraffurlinien und blaue Konturen im ringförmigen Teil hinzu. In jedes Rechteck der Blütenblätter setzen Sie eine kleine Linie mit Punkt hinein und ziehen zum Schluss eine blaue Kontur um das ganze Mandala.

Woche 41

Unendlichkeit
Das Blume-des-Lebens-Mandala

Das Blume-des-Lebens-Mandala besteht aus einem regelmäßigen sechseckigen Gitter sich überlappender Kreise und verkörpert die Anschauung, dass unser ganzes Leben Teil eines göttlichen Plans ist. Dies ist eines der Hauptmuster der Heiligen Geometrie, inspiriert durch das Wort Unendlichkeit.

1 Zeichnen Sie mit dem Zirkel zunächst einen nicht zu großen Kreis in die Mitte des Steins. Von einem Punkt auf dem Kreis zeichnen Sie mit dem gleichen Radius einen weiteren Kreis und mit den neuen Schnittpunkten als Zentrum weitere Kreise mit gleichem Durchmesser, bis 6 Kreise den ersten Kreis vollständig umgeben. Wiederholen Sie diesen Vorgang mit den äußeren Schnittpunkten, um weitere Kreise zu erstellen, bis Sie am Rand des Steins angekommen sind.

2 Da der Stein nicht eben ist, müssen Sie möglicherweise einige Teile von Hand oder mit der Schablone zeichnen, um ihn an die Form anzupassen. (siehe die Details zur Zeichentechnik auf Seite 17)

3 Malen Sie die Zeichnung farbig aus, in Hellgrün, Rot, Türkis, Gelb und Violett.

4 Sie sollten Acryl-Farbstifte mit feiner Spitze verwenden, da die Formen klein sind.

5 Ziehen Sie die Konturen mit einem schwarzen Fineliner nach. Zur weiteren Verfeinerung setzen Sie eine hellblaue Kontur um jedes linsenförmige Blütenblatt und malen Sie kleine Dreiecke dazwischen. Setzen Sie Punkte in die Blütenblätter, um das Mandala fertigzustellen.

Woche 42

Veränderung
Das Blätter-Mandala

Es ist notwendig, die Dinge von Zeit zu Zeit neu zu ordnen, um der Monotonie zu entgehen. Wir können lernen, Änderungen zuzulassen, wenn wir unser Denken ändern. Unsere Meinungen und unsere Einstellung weiterzuentwickeln ist wichtig, und ein Mandala einmal auf Blätter statt auf einen Stein zu malen, ist ein erster Schritt.

1 Getrocknete und gepresste Blätter sind ein gutes Ausgangsmaterial. Sie können auch frische Blätter verwenden, sollten diese aber eine Zeit lang in ein Buch legen, um Falten zu glätten.

2 Die drei Beispiele zeigen einfarbige und farbige Gestaltungsmöglichkeiten. Die Oberfläche eines getrockneten Blattes ist empfindlich und schwer zu bemalen, arbeiten Sie daher mit Vorsicht und Sorgfalt. Drücken Sie Ihre Stifte, die Feder und Pinsel nicht zu stark auf, um das Blatt nicht zu durchstoßen. Über die Blattrispen sollten Sie besonders vorsichtig hinweggehen. Wenn Sie den Stift zu stark aufdrücken, kann das zu Klecksen führen. Beginnen Sie mit dem Zeichnen von weißen Halbkreisen, farbigen Punkten und weißen Blütenblättern.

3 Füllen Sie das Blatt links mit kleinen Halbkreisen, Dreiecken, Blütenblättern und Halbovalen. Zeichnen Sie langsam mit einem Stift und weißer Tinte und platzieren Sie die Motive so, wie es Ihnen in den Sinn kommt und gefällt. Verwenden Sie für die Muster auf dem mittleren Blatt einen schwarzen Fineliner. Zeichnen Sie Schritt für Schritt winzige Halbkreise und Dreiecke um die farbigen Punkte. Fügen Sie verschiedene Farben innerhalb der Halbkreise hinzu. Verbinden Sie die Dreiecke mit winzigen Bögen und füllen Sie die Zwischenräume mit Schwarz. Malen Sie auf das rechte Blatt farbige Reihen von Dreiecken und Halbovalen. Wechseln Sie die Farbe Ihres feinen Farbstiftes alle zwei oder drei Reihen.

4 Zeichnen Sie auf dem dunklen Blatt mit weißer Tinte und feiner Feder und fügen Sie Blütenblätter und Dreiecke sowie Punkte und Linien hinzu. Malen Sie beim mittleren Blatt die Dreiecke farbig aus. Platzieren Sie im rechten Blatt weitere Motive und Formen in verschiedenen Farben.

5 Fügen Sie im dunklen Blatt noch dünne vertikale Schraffurlinien hinzu, um die Dreiecke in der letzten Reihe zu füllen, und setzen Sie Punkte dazwischen. Das Blattmandala ist zart und nicht nur vom Material her außergewöhnlich.

Woche 43

Stärke
Das Melodie-der-Natur-Mandala

„Schauen Sie die Natur intensiv an und Sie werden alles besser verstehen",
sagte Albert Einstein. Das Wort Stärke lässt mich immer an die Natur denken.
Wenn wir ihre Kraft schätzen, können wir einen Rhythmus in unserem Leben finden.
Das Melodie-der-Natur-Mandala wird uns helfen, dorthin zu gelangen.

1 Zeichnen Sie von der Mitte aus vier konzentrische Kreise. Zeichnen Sie längliche halbovale Blütenblätter in die Ringe zwischen den Kreisen.

2 Legen Sie die Zeichnung farbig an, verwenden Sie Orangetöne für die Blütenblätter und hellgrün und türkis für die Zwischenräume.

3 Malen Sie kräftige Konturen in dunkleren Farbtönen in die Blütenblätter. Zeichnen Sie mit einem Fineliner schwarze Konturen auf die Kreislinien und um die Blütenblätter.

4 Zeichnen Sie feine Linien und grüne Punkte in die Blütenblätter der Blüte in der Mitte. Fügen Sie zwischen den Blütenblättern kleine schwarze Dreiecke ein. Setzen Sie weiße Punkte um den ersten Kreis. Zeichnen Sie verschiedene Pflanzenmotive in alle Blütenblätter und verfeinern Sie Teile der kleinen Pflanzen durch verschiedenfarbige Punkte und Blätter. Fügen Sie in jeder Reihe zwischen den Blütenblättern feine Blumenmotive hinzu. Zum Schluss verzieren Sie den zweiten und dritten Kreis noch mit weißen Punkten.

Woche 44

Glück
Das Kleeblatt-Mandala

Wir glauben, wir müssten ein bisschen Glück haben, um erfolgreich zu sein und um unsere Träume zu verwirklichen. Aber haben wir nicht schon viel Glück mit guter Gesundheit, mit den Menschen, die wir lieben, einer Arbeit, die uns Freude macht? Das Kleeblatt-Mandala zeigt mit Kleeblättern und Maikäfern zwei Symbole für gutes Glück.

1 Zeichnen Sie mit dem Zirkel einen kleinen Kreis in die Mitte des Steins und zwei weitere Kreise mit dem gleichen Abstand außen herum. Teilen Sie die Kreise mit dem Winkelmesser und 4 Linien in acht 45°-Segmente. Zeichnen Sie acht Ovale in den Ring zwischen dem 1. und 2. Kreis, so dass ein kleiner Teil noch in den inneren Kreis hineinragt. Setzen Sie vierblättrige Kleeblätter außen an die 8 Trennlinien, so dass zwei Blätter innerhalb des 3. Kreises und zwei außerhalb davon liegen. Zeichnen Sie blütenblattartige Dreiecke zwischen die äußeren Kleeblätter mit kleineren Dreiecken innen darin.

2 Malen Sie einen rosa Punkt in der Mitte, und den ersten Ring darum türkis aus, bis auf den Teil der Ovale, der in ersten Kreises ragt; dieser wird schwarz. Verwenden Sie Rot für den anderen Teil der Ovale. Legen Sie die Zwischenräume gelb an, ebenso die Kleeblätter außen in Dunkelgrün und den Bereich zwischen dem zweiten und dem dritten Kreis in Hellgrün. Verwenden Sie rosa und lila für die blütenblattartigen Dreiecke.

4 Zeichnen Sie grüne Blütenblätter um den rosa Punkt in der Mitte und setzen Sie weiße Punkte hinein. Setzen Sie weiße Punkte mit kleineren schwarzen Punkten in die schwarzen Teile der Ovale, ebenso kleine weiße Punkte außen um den ersten Kreis. Teilen Sie die roten ovalen Flächen mit einem schwarzen Strich in zwei Teile und setzen Sie schwarze Punkte. Fügen Sie zwischen den Marienkäfern kleine grüne Halbkreise mit feinen schwarzen Linien und Punkten ein. Zeichnen Sie einen Kranz aus Halbovalen außen um den 2. Kreis, malen sie rot aus und fügen weiße Punkte mit schwarzen Linien hinzu. Fügen Sie zwischen den Kleeblättern zwischen dem 2. und 3. Kreis dreieckige Blütenblätter ein. Teilen Sie die Blütenblätter und schraffieren Sie die Flächen. Verzieren Sie die Kleeblätter mit hellgrünen Strichen und Punkten. Setzen Sie schwarze und weiße Punkte in die großen äußeren Blütenblätter und eine hellviolette Kontur um die violetten Dreiecke mit jeweils einem gelben Punkt darin. Zeichnen Sie große brombeerfarbene Blütenblätter zwischen die rosafarbenen, und fügen Sie Schraffurlinien ein. Ziehen Sie eine hellgrüne Kontur um die Außenseite des Mandalas.

3 Ziehen Sie Konturlinien mit einem schwarzen Fineliner um Ihren Entwurf.

WOCHE 44 GLÜCK 107

Woche 45

Spass
Das Muschel-Mandala

Neues auszuprobieren hilft, die eigene Kreativität zu fördern. Das Wichtigste dabei ist, dass es Spaß macht. Das Muschel-Mandala bietet einen neuen Malgrund und neue Materialien und ermöglicht neue Entwürfe. Viel Spaß beim Malen!

1 Versuchen Sie, Muscheln mit glatten Oberflächen zu finden. Reinigen Sie sie von Sand und warten Sie, bis sie ganz trocken sind. Sollten dünne Risse auf der Oberfläche sichtbar sein, reinigen Sie diese mit einem weichen Tuch.

2 Zeichnen Sie Ihre Skizze auf die Schale (links im Bild). Für Schalen mit glatter Oberfläche verwenden Sie am besten einen Fineliner. Zeichnen Sie von der Mitte aus Blütenblätter, Dreiecke und andere Formen dazwischen. Oder malen Sie mit einem Acryl-Farbstift farbige Streifen auf die Schale (wie rechts im Bild). Lassen Sie zwischen den Steifen auch Streifen mit natürlicher Oberfläche stehen.

3 Malen Sie Blütenblätter und Dreiecke farbig aus (links). Acryl-Farbstifte haften und decken auf glatten Oberflächen gut. Drücken Sie die Stifte aber nicht zu fest auf. Sie können auch mit flüssigen Acrylfarben und -tinten arbeiten, benötigen jedoch mehrere Farbaufträge, um eine gute Deckung zu erzielen. Verwenden Sie schwarze Fineliner, um die Blütenblätter auf die Streifen zu zeichnen und die schwarzen Flächen zu füllen.

4 Ziehen Sie kräftige schwarze Konturlinien um die Motive (links). Zeichnen Sie Linien und Punkte in die Blütenblätter und kleine und große Punkte dazwischen (rechts). Fügen Sie in die äußere Reihe kleine Pflanzenmotive ein. Verwenden Sie für diese Arbeit farbige Acryl-Stifte mit feiner Spitze.

5 Platzieren Sie auf der linken Muschel kleine Linien und Punkte in den Blütenblättern und eine diagonale Schraffur in die Dreiecke sowie weiße Punkte dazwischen. Die größeren Blütenblätter schmücken Sie innen mit feinen Konturen, setzen kurze Schraffuren in den Rand und weiße Punkte in die Mitte. Fügen Sie in die großen Dreiecke farbige Konturlinien ein und verzieren Sie sie mit Linien-Punkt-Motiven.

6 Sie können auch eine einfarbige Gestaltung wählen, indem Sie einen Acryl-Stift und Acryl-Tinte oder nur einen schwarzen Fineliner verwenden. Arbeiten Sie bedächtig und lassen Sie Ihre Fantasie spielen. Bei diesem Mandala dreht sich alles um Spaß!

Woche 46

Licht
Das Sonnenschein-Mandala

„Wir müssen uns in unseren dunkelsten Momenten darauf konzentrieren, das Licht zu sehen", sagte Aristoteles. Versuchen Sie immer, das Licht zu sehen, Licht zu geben, für andere Licht zu sein, und Sie werden sehen, wie die Dunkelheit verschwindet. Das Symbol des Sonnenschein-Mandalas ist unsere große Lichtquelle.

1 Zeichnen Sie einen Kreis in der Mitte des Steins und zwei weitere Kreise, um einen ringförmigen Teil zu erstellen. Fügen Sie zwischen dem 1. und 2. Kreis große Blütenblätter ein, die an der Basis etwas überlappen, so dass kleine, schmale Dreiecke entstehen. Setzen Sie in die großen Blütenblätter schmale Dreiecke, um den Kranz von Dreiecken um den ersten Kreis zu schließen. Mit einem Kranz aus langen, lanzenförmigen Dreiecken um den 3. Kreis ist die Skizze dann fertig.

2 Malen Sie einen großen roten Punkt in die Mitte. Zeichnen Sie einen Kreis darum und füllen Sie den entstehenden Ring zwischen ihm und dem ersten Kreis in Orange. Malen Sie die Zeichnung weiter in gelben und orangen Farben aus. Wenn Sie alle Flächen farbig angelegt haben, ziehen Sie mit einem schwarzen Fineliner Konturenlinien um alle Teile.

3 Fügen Sie dünne schwarze Linien und einige Punkte in die inneren schmalen Dreiecke ein und im zweiten Kreis kleine dunkelgelbe Halbbögen zwischen den großen Blütenblättern. Setzen Sie schwarze Bogenformen gegenüber und verbinden Sie sie mit einem schwarzen Punkt. Zeichnen Sie einen Kranz von Halbovalen in den ringförmigen Teil und malen Sie die Fläche dazwischen schwarz aus. Zeichnen Sie eine kleinere innere Kontur in die langen Dreiecke und teilen Sie diese in zwei Hälften. Fügen Sie diagonale Schraffuren in die eine Hälfte und kleine schwarze Halbkreise in die andere Hälfte ein.

4 Platzieren Sie in der Mitte Punkte und feine Linien, gestrichelte Linien in den Kreisen und diagonale Linien in den großen Blütenblättern. Tupfen Sie blaue Punkte in die schwarzen Bögen und zwischen die Halbovale. Zeichnen Sie Linien und Punkte darüber. Fügen Sie als letztes feine schwarze Linien und große orangefarbene Punkte mit kleinen blauen Punkten darin zwischen den langen Dreiecken ein.

Woche 47

Ganzheitlichkeit
Das Yin-Yang-Mandala

Yin und Yang stehen für die entgegengesetzten Kräfte, die sich ergänzen, miteinander verbunden und voneinander abhängig sind.
Licht und Dunkelheit, Feuer und Wasser, Expansion und Kontraktion, Negativ und Positiv sind Erscheinungsformen der Dualität, die durch Yin und Yang symbolisiert wird. Das Wort Ganzheitlichkeit inspirierte dieses Yin-Yang-Mandala.

1 Zeichnen Sie um die Mitte des Steins zwei konzentrische Kreise, so dass ein schmaler Ring entsteht. Für das Yin-Yang-Symbol zeichnen Sie eine vertikale Linie, die durch den Mittelpunkt verläuft, teilen diese Linie in vier gleiche Teile und markieren die beiden Mittelpunkte der zwei kleineren Kreise. Zeichnen Sie nun mit dem Zirkel zwei kleine Kreise, die den Außenkreis berühren, und zwei kleinere konzentrische Kreise innerhalb. Fügen Sie zwei Kränze aus Halbovalen um den äußeren Kreis hinzu und setzen Sie größere Dreiecke um sie. Ein großer Kreis am Rand bildet den Abschluss.

2 Malen Sie die Yin-Yang-Zeichnung schwarz und weiß aus. Yin ist die schwarze Seite mit dem weißen Punkt und Yang ist die weiße Seite mit dem schwarzen Punkt. Verwenden Sie grün für den ringförmigen Teil, türkis und dunkelrosa für die Halbovale und verschiedene helle Farben für die Dreiecke.

3 Ziehen Sie die Konturlinien mit einem schwarzen Fineliner nach. Geben Sie der Fläche zwischen den Blütenblättern einen weißen Hintergrund und setzen Sie kleine schwarze Dreiecke darauf.

4 Fügen Sie eine innere Kontur in die Blütenblätter ein, teilen Sie diese mit einer dünnen Linie in zwei Hälften und füllen Sie beide Hälften mit diagonalen Schraffurlinien.

5 Zeichnen Sie gestrichelte Linien in das Yin-Yang-Symbol. Fügen Sie den Halbovalen weiße und gelbe Punkte hinzu. Legen Sie eine weiße Kontur in die Blütenblätter und weiße Punkte über die Trennlinien. Setzen Sie grüne Punkte in die schwarzen Dreiecke und zeichnen Sie fünf Linien-Punkt-Motive oberhalb davon. Zeichnen Sie mit einem goldenen Stift außen um den äußeren Kreises eine breite Kontur, um dem Ganzen den letzten Schliff zu geben.

Woche 48

Freundlichkeit
Das Tulpenstrauß-Mandala

Aristoteles definierte Freundlichkeit als „Hilfsbereitschaft gegenüber jemandem in Not, nicht als Gegenleistung oder zum Vorteil für den Helfenden selbst, sondern zum Vorteil für die Person, der geholfen wurde."
Freundlich zu sein bedeutet glücklich zu sein.

1 Zeichnen Sie drei konzentrische Kreise. Fügen Sie Tulpenfiguren in den beiden äußeren Ringen hinzu. Verbinden Sie die Tulpen unten mit Linien, die bis zur Mitte gehen. Fügen Sie einen Kranz Halbovale um den äußeren Kreis hinzu.

2 Malen Sie die Zeichnung mit Acrylfarben und/oder Acrylfarbstiften aus.

3 Ziehen Sie mit einem schwarzen Fineliner Konturlinien um alle Elemente.

4 Verzieren Sie den Stein mit kleinen Linien und ovalen Formen in der Mitte. Malen Sie gelbe Punkte in den ersten Kreis. Füllen Sie den inneren Teil der Tulpen mit feinen schwarzen Linien und weißen Punkten. Platzieren Sie dazwischen türkisfarbene, blattförmige ovale Formen. Fügen Sie für den äußeren Tulpenkranz Linien und Punkte hinzu sowie Linien-Punkt-Motive in den Kranz der Halbovale ganz außen um den dritten Kreis. Ziehen Sie um den gesamten Strauß Tulpen bzw. um das Mandala eine goldfarbene Kontur.

Woche 49

Das Göttliche
Das Om-Mandala

„Om" ist eines der wichtigsten Symbole im Hinduismus. Es hat verschiedene Bedeutungen, die von der Seele, der Gesamtheit des Universums, der Wahrheit, dem göttlichen, höchsten Geist, bis zu kosmischen Prinzipien und Wissen reichen. Das Om-Symbol zeigt fünf Zustände:

1 unbewusster Zustand, tiefer Schlaf;

2 Wachzustand, Erleben der Welt mit fünf Sinnen;

3 Traumzustand, die Welt hinter den geschlossenen Augen;

4 Illusionszustand, spirituelle Entwicklung und

5 absoluter Zustand, Frieden und Glückseligkeit.

Das Om-Mandala ist göttlich.

1 Sie brauchen einen großen runden Stein. Weil die Oberfläche meines Steins porös war, habe ich ihn mit weißer Acrylfarbe grundiert, um eine glattere Oberfläche zu schaffen und die Farben lebhafter in Erscheinung treten zu lassen. Zeichnen Sie einen Kreis in der Mitte und fügen Sie zwei Kränze aus Halbovalen hinzu. Zeichnen Sie dann zwei größere konzentrische Kreise nahe am Rand. Platzieren Sie große Blütenblätter in den Ring über den Halbovalen und fügen Sie kleinere Rauten in die Zwischenräume. Zeichnen Sie Blütenblätter darüber, die zum Teil außerhalb und zum Teil innerhalb des 2. Kreises liegen, und fügen Sie Halbovale um den dritten Kreis hinzu. Zeichnen Sie das Schriftzeichen für Om in den inneren Kreis.

2 Malen Sie die Zeichnung in hellen und kräftigen Farben aus, so dass ein guter Kontrast entsteht und das Om-Symbol zur Geltung kommt!

3 Ziehen Sie alle Konturlinien mit einem schwarzen Fineliner nach.

4 Skizzieren Sie zunächst mit dem Bleistift blumenartige Muster innerhalb der großen Blütenblätter und zwischen den äußeren Blütenblättern.

5 Ziehen Sie eine goldene Kontur um das Om-Symbol. Fügen Sie im 1. Kreis eine blaue Konturlinie und weiße Punkte hinzu. Setzen Sie große Punkte und Pflanzenmotive in die Halbovale und verzieren Sie die Blütenblätter und die Blumen innen mit kleinen und großen Punkten. Fügen Sie den kleinen Dreiecken Konturen und rote Punkte hinzu. Zeichnen Sie kleine Linienreihen und weiße Punkte auf die äußeren Blütenblätter. Verwenden Sie für die Bögen dazwischen ebenfalls Punkte, Linien und schwarze Halbkreise. Zeichnen Sie feine vertikale Linien in die Halbovale um den äußeren Kreis, fügen Sie eine weitere Reihe von Halbovalen hinzu und setzen Sie kleine schwarze Formen und weiße Punkte hinein.

WOCHE 49 DAS GÖTTLICHE

Woche 50

Festlichkeit
Das Fahnen-Mandala

„Festlich wird es, wenn sich das Denken mit dem Sinnlichen verbindet",
sagte Ravi Shankar, Musiker und Komponist der klassischen Hindustani-Musik.
Wenn es zum Gleichklang zwischen Denken und Seele kommt, beginnen wir ein
glücklicheres Leben und alles wird besser laufen.
Das Fahnen-Mandala zeigt, dass es Zeit ist, das Leben zu feiern!

1 Zeichnen Sie fünf konzentrische Kreise, beginnend in der Mitte des Steins, so dass gleich breite Ringe entstehen. Lassen Sie den mittleren Kreis weiß und füllen Sie den ersten und den zweiten Ring mit hellen Pastellfarben aus. Verwenden Sie pink und rot für die äußeren beiden Ringe. Suchen Sie eine Hintergrundfarbe; Gelb schafft einen guten Kontrast.

2 Zeichnen Sie ein Muster auf den Stein, zuerst mit dem Bleistift, später dann mit einem schwarzen Fineliner. Blütenblätter und Dreiecke sind passende Motive.

3 Malen Sie die Zwischenräume zwischen den Blütenblättern im ersten und dritten Ring schwarz. Zeichnen Sie umgekehrte Dreiecke mit dicken Linien zwischen die Dreiecke im 2. und 4. Ring. Legen Sie die umgekehrten Dreiecke in türkis und hellgrün an.

4 Zeichnen Sie mit einem schwarzen Fineliner diagonale Schraffurlinien als Rispen in die Blütenblätter und in die Dreiecke senkrechte Linien.

5 Zeichnen Sie einen kleinen Kreis in die Mitte und malen Sie ihn hellgrün aus. Platzieren Sie dann eine Reihe kleiner Dreiecke drum herum, die Sie abwechselnd mit vertikalen und diagonalen Linien füllen. Malen Sie kleine umgekehrte schwarze Dreiecke zwischen die blauen Dreiecke und setzen Sie grüne Punkte hinein. Zum Schluss setzen Sie grüne und blaue Punkte in die schwarzen Flächen zwischen den Blütenblättern; außerdem sollten die inneren und äußeren Dreiecke noch weiße Konturlinien erhalten.

Woche 51

Wiedergeburt

Das Sternzeichen-Mandala

Die guten und schlechten Erfahrungen in unserem Leben hinterlassen Lektionen, aus denen wir lernen und an denen wir wachsen können. Wir können diese Erfahrungen positiv nutzen und einen Neuanfang versuchen, um ein besseres Leben zu führen. Das Sternzeichen-Mandala ist von diesem Gedanken inspiriert.

1 Suchen Sie zwölf ähnlich große, runde Steine und grundieren Sie diese in verschiedenen Blautönen. Verwenden Sie Acrylfarben, Tinten und einen flachen Pinsel.

2 Definieren Sie für jeden Stein den Mittelpunkt und zeichnen Sie auf jeden Stein einen Kreis. Skizzieren Sie Motive um diese Kreise, z.B. einen Kranz aus Halbkreisen oder Halbovalen.

3 Zeichnen Sie verschiedene Motive um die Halbkreise: Dreiecke, Blütenblätter, Pflanzen und Blätter. Verwenden Sie einen weißen Malstift, damit die Farben später hell und lebendig wirken, wenn Sie darüber malen.

4 Malen Sie die Motive in verschiedenen Regenbogenfarben aus. Verwenden Sie für jeden Stein unterschiedliche Abstufungen derselben Farbe.

5 Fügen Sie den Motiven mit einem schwarzen Fineliner Konturlinien hinzu.

6 Malen Sie mit einem etwas dickeren weißen Acrylfarbstift Sternzeichensymbole in die Kreise. Zeichnen Sie innerhalb jedes Kreises eine türkise Konturlinie mit weißen Punkten innen. Fügen Sie jedem Stein unterschiedliche Details hinzu. Setzen Sie kleine Punkte in die Halbovale, statten Sie die Dreiecke, Blütenblätter, Pflanzen und Blätter mit Linien aus und setzen Sie zum Schluss Punkte in die Halbovale.

Woche 52

Das Einzigartige
Das einfarbige Mandala

Sie benötigen nur eine Feder, weiße Tinte und eine ruhige Hand. Das einfarbige Mandala kommt ohne Vorzeichnung aus. Konzentrieren Sie sich einfach auf Ihre innere Welt und zeichnen Sie verschiedene Motive. Versuchen Sie nicht, schnell zu zeichnen. Lassen Sie Ihre Hand mit Ihren Gefühlen in Verbindung treten. Linien, Formen und Symmetrie müssen nicht perfekt sein. Schließlich symbolisiert das Mandala auch Ihre Einzigartigkeit!

1 Sie benötigen einen runden oder ovalen Stein mit einer glatten Oberfläche. Zeichnen Sie mit dem Zirkel einen Kreis mit etwa 1,3 - 1,5 cm Abstand zur Außenkante. Malen Sie den Kreis mit einem flachen Pinsel oder Fächerpinsel dunkelblau oder ultramarinfarben aus.

2 Ziehen Sie eine kräftige Kontur in einer helleren Farbe um den Kreis. Zeichnen Sie dann zwei konzentrische Kreise in den dunkelblauen Bereich, um die Flächen für Ihre Motive zu definieren.

3 Skizzieren Sie von der Mitte aus ein blumenähnliches Muster, gehen Sie mit einer Konturlinie um dieses herum und verzieren Sie es mit kleinen Linien. Umgeben Sie das Motiv mit blütenblattähnlichen Dreiecken. Fügen Sie darin kleinere Dreiecke ein und malen Sie sie mit weißer Farbe aus.

4 Verbinden Sie die Dreiecke mit kleinen Bögen. Legen Sie einen Kranz aus Halbovalen drumherum. Benutzen Sie die Kreislinie als Begrenzung, um die Motive gleich groß zu halten.

5 Zeichnen Sie parallele Halbovale sowie kleine Linien und Punkte in jedes Halboval. Malen Sie dazwischen kleine Dreiecke und fügen Sie darüber feine Linien und Punkte hinzu. Zeichnen Sie einen weiteren Kreis um den ersten und füllen Sie den entstandenen Ring mit kurzen, dünnen Linien.

6 Schmücken Sie den zweiten Kreis außen mit einem Kranz kleiner Halbovale und zeichnen Sie dann einen Kranz aus großen Dreiecken, die oben bis an den zweiten Kreis reichen. Malen Sie einen großen Punkt am unteren Rand jedes Dreiecks mit einer Kreislinie um ihn herum. Füllen Sie das Innere der Dreiecke mit strahlenförmigen Linien.

7 Fügen Sie zwischen den Dreiecken weitere kleine Dreiecke mit doppelten Konturlinien ein. Malen Sie einfache Pflanzenmotive hinein und tupfen Sie in die Flächen auf beiden Seiten dieser Dreiecke kleine Punkte. Zeichnen Sie einen weiteren Kreis um den zweiten Kreis und füllen Sie den Zwischenraum mit kurzen dünnen Linien.

8 Zeichnen Sie einen weiteren Kranz Halbovale um den neu erstellten Kreis. Fügen Sie eine Reihe von Dreiecken und eine weitere Reihe von Halbovalen hinzu.

9 Um diese letzten drei Kränze zu verzieren, malen Sie in die erste Reihe Halbovale kräftige weiße Tupfer, teilen Sie die Dreiecke mit einer Linie in zwei Hälften und füllen Sie beide Hälften mit diagonalen Linien. Zeichnen Sie senkrechte Linien in die äußeren Halbovale. Zum Schluss setzen Sie dicke weiße Punkte in die Zwischenräume zwischen den Dreiecken.

Über die Autorin

F. Sehnaz Bac lebt in Alba Adriatica, einer Kleinstadt in Italien an der Adria. Sie arbeitet mit verschiedenen Medien (Acrylfarben, Aquarellfarben, Tinten und Acrylfarbstifte) und benutzt gern helle und kräftige Farben, sehr feine Strichzeichnungen und stilisierte Bilder.

F. Sehnaz Bac wurde in Istanbul, Türkei, geboren und studierte Archäologie an der Ege Universität Izmir. Sie hat einen Master-Abschluss in Restaurierung und Konservierung von der Fakultät für Architektur. Zwei Jahrzehnte lang hat sie als Archäologin und Zeichnerin an Ausgrabungsstätten mitgewirkt. Ihre detaillierten technischen Zeichnungen, die sie in dieser Zeit anfertigte, haben ihre phantasievollen, von der Natur beeinflussten Steinbilder geprägt.

Im Internet sind die Werke auf www.facebook.com/isassidelladriatico und bei Etsy: www.isassidelladriatico.etsy.com zu finden.

Weitere Bücher im ökobuch Verlag

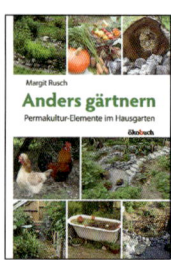

Anders gärtnern
Permakultur-Elemente im Hausgarten. Ob Kräuterspirale, Krater- bzw. Hochbeet, Kartoffelturm, Wurmfarm oder Erdgewächshaus mit Hühnerstall, bei allem dient die Natur als Vorbild. Mit vielen Anleitungen für einen Hausgarten, in dem die Bereiche harmonisch zusammenwirken und sich gegenseitig fördern. Von Margit Rusch. 8. Aufl. 2019, 94 S. m.v. farb. Abb., 17 x 24 cm   13,95 €

Mein kleiner Permakultur-Garten
300 kg Ernte auf 150 qm Fläche mitten in der Stadt. Der Autor beschreibt detailliert und gut übertragbar auf andere kleine Gärten seine Erfahrungen mit der Rekultivierung eines Reihenhausgartens nach den Prinzipien der Permakultur, mit beachtlichen Ernteerfolgen an Obst und Gemüse. Von Josef Chauffrey. 109 S. m.v. Abb., 17x24 cm, 2. Aufl. 2019   14,95 €

Mein Selbstversorgergarten am Stadtrand
Permakultur auf kleiner Fläche. Der Autor zeigt, wie er im Hausgarten Obst u. Gemüse nach Permakulturprinzipien anbaut, so dass sich 2 Personen fast vollständig mit Nahrung versorgen können: Früchte, Kräuter, Pilze, Gemüse, Salat u.v.m. Mit Tipps zur Vermehrung und Anzucht. Von Kurt Forster. 4. Aufl. 2019, 125 S. m.v. farb. Abb., 17 x 24 cm   15,95 €

Permakultur im Hausgarten
Wie ein Hausgarten Stück für Stück zum persönlichen, vielseitigen Permakultur-Garten gestaltet oder umgestaltet werden kann. 10 Beispielgärten zeigen, wie unterschiedlich sich die Permakultur-Prinzipien anwenden lassen. Von Jonas Gampe. 141 S. m.v.Abb., 5. Aufl. 2020   16,95 €

Saatgut aus dem Hausgarten
Nach einer Einführung in die Saatgutgewinnung und in die Praxis der Vermehrung werden die nötigen Hilfsmittel, Ernte, Reinigung und Lagerung der Samen sowie Aussaat und Aufzucht Jahr beschrieben. Mit kurzen Pflanzenporträts aller im Hausgarten üblichen Kräuter, Gemüse und Blumen. Von Marlies Ortner. 3. Aufl. 2018, 138 S. m.v. farb. Abb., 17 x 24 cm   19,95 €

Hügelbeete, Hochbeete, Hangbeete
Bauen und bepflanzen. In detaillierten Schritt-für-Schritt-Anleitungen und anhand gebauter Beispiele wird gezeigt, wie Hügelbeete, Hochbeete und Hangbeete vorteilhaft errichtet und wie sie bepflanzt werden können. Von Peter Himmelhuber. 109 S.m.v.Abb., 3. Aufl. 2018   14,95 €

Essbare Wildpflanzen aus dem Hausgarten
150 Arten: Obst, Kräuter, Gemüse. Wie eine dauerhafte Pflanzenlandschaft aus fruchttragenden Bäumen und Sträuchern, wilden Stauden sowie Kräutern und essbaren Bodendeckern geschaffen werden kann. Mit mehr als 70 Pflanzenporträts essbarer Wildfrüchte, Wildkräuter und Wildgemüse und Tipps zu deren Verwertung. Von Marlies Ortner. 125 S. m.v.Abb., 4. Aufl. 2018   15,95 €

Trocknen und Dörren mit der Sonne
Bau & Betrieb von Solartrocknern.: Ein Buch für alle, die einen funktionstüchtigen Solartrockner kostengünstig selbst bauen möchten, um Obst, Gemüse und Kräuter natürlich und hochwertig haltbar zu machen. Außerdem: Praxis des Trocknens mit vielen Tipps aus langjähriger Erfahrung. Herausgegeben von Claudia Lorenz-Ladener. 6. Aufl. 2018, 95 S., farbig, 17x24 cm   13,95 €

Milchsauer eingelegt
Gemüse durch Milchsäuregärung gesund und schnell haltbar machen. Wie es geht und welche Gerichte sich mit Milchgesäuertem bereichern lassen, wird hier detailliert beschrieben. Von Claudia Lorenz-Ladener. 128 S. m.v. farb.Abb., 6. Aufl. 2020   16,95 €

Dörren - Aroma pur
Alle Basics und viele einfache Rezepte zum Trocknen von Obst, Gemüse und Kräutern, aber auch für Chips, Fruchtleder, Dörrbrot, Gemüsepulver und Jerkys, die Getrocknetes zum Geschmackserlebnis werden lassen. Von Claudia Lorenz-Ladener. 126 S. m.v. farb.Abb., geb., 3. Aufl. 2020   17,95 €

Hütten von Kindern selbst gebaut
Das Buch zeigt schön illustriert, wie Kindern ohne großen Aufwand ihr eigenes kleines Reich erschaffen können, mit Baumaterialien, die fast alle draußen zu finden sind: Spielhäuschen, Kuppelbau, Schlupfwinkel u.v.m. Ab 8 Jahre. Von Louis Espinassous. 58 S. m.v. Abb., 21x21cm 13,95 €

Kleine Baumhäuser und Hütten
... kinderleicht gebaut. Hier wird gezeigt, wie Baum- und Stelzenhäuser gebaut werden können. Mit Anleitungen für verschiedene Konstruktionen und Bildern von realisierten Beispielen. Von David Stiles 93 S. m. v. farb. Abb., 17x24 cm, 7. Aufl. 2016 12,95 €

Kochen mit der Sonne
.. in Mitteleuropa. Beschreibung käuflicher Solarkocher sowie Bauanleitung für einen Solarofen. Mit Tipps aus der Praxis und vielen erprobten Koch- und Backrezepten. Von Rolf Behringer und Michael Götz. 2. Aufl. 2012, 87 S. m.v. Abb., 17 x 24 cm 13,95 €

Holzbacköfen im Garten
Detaillierte Bauanleitungen vom einfachen Lehmofen bis zum gemauerten Brotbackhäuschen. Mit vielen Erfahrungen und Ratschlägen sowie pfiffigen Tipps und Rezepten. Herausgegeben von Claudia Lorenz-Ladener. 138 S.m.vielen Abb., 20. Aufl. 2018 15,95 €

Das Holzbackofen-Kochbuch
Ein Kochbuch, das den Nutzen des Backofens im Freien deutlich steigert, mit 70 Rezepten für Pizza, Fleisch- und Fischgerichte, für Gemüse, Brot und Nachspeisen, präsentiert in 400 Fotos mit allen Arbeitsschritten. Von Holly u. David Jones. 4. Aufl. 2020, 128 S. m.v. Abb., 19,5 x 26 cm 19,95 €

Fladen und Flammkuchen
Delikates aus dem Holzbackofen: Hier werden nicht nur die besten Pizzen gebacken, auch Fladenbrote und Flammkuchen aller Art gelingen leicht, wenn einige Grundregeln beachtet werden. Mit 24 Rezepten aus aller Welt für einen delikaten Genuss, präsentiert in vielen Fotos mit allen Arbeitsschritten. Von Holly u. David Jones. 1. Aufl. 2018, 93 S. m.v. Abb., 19,5 x 26 cm 17,95 €

Gestalten mit Stein im Garten
Pflastern von Wegen, Terrassen und Zufahrten, Anlegen von Treppen und das Errichten von Mauern und Hangbefestigungen, mit Hinweisen zur Materialwahl, zu Aufwand u. Kosten, und mit Anregungen für eigenes Schaffen. Von Peter Himmelhuber. 125 S. m.v. farb. Abb., 3. Aufl. 2020 15,95 €

Naturkeller
Grundlagen der Kühllagerung und Anleitungen für Planung u. Bau naturgekühlter Lagerräume im Haus und Freiland. Von Cl. Lorenz-Ladener. 140 S. m.v.Abb., 16. Aufl. 2018 19,90 €

Einfache Lauben und Hütten selbst gebaut
Einfache Paradiese zum Selbstbauen. Bauanleitungen für schnell zu errichtende Behausungen (Tipi, Baumhaus, Kuppelbau, Hogan etc.), sowie für schöne Lauben für den Garten oder die freie Natur. Herausgegeben von Claudia Lorenz-Ladener. 5. neu gestalt. Aufl. 2018, 158 S., 16,95 €

Kleine grüne Archen
Passivsolare [Erd]Gewächshäuser als Alternative zum transparenten Standard-Gewächshaus. Das Buch zeigt, wie Solargewächshäuser freistehend, angelehnt oder teilweise in der Erde versenkt, gebaut werden können. Von C. Lorenz-Ladener. 128 S. m.v. farb. Abb., geb. 4. Aufl. 2017 22,90 €

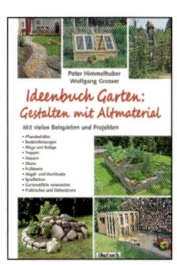

Spalierobst aus dem Hausgarten
Viel Obst auf kleiner Fläche: Hauswände, Mauern, Carports und Pergolen bepflanzen. Mit Anleitungen und Baubeispielen für verschiedene Spaliere und mit Hinweisen zur Sortenwahl geeigneter Obstsorten. Von Peter Himmelhuber. 1. Aufl. 2016, 107 S. m. v. farb. Abb., 14,95 €

Ideenbuch Garten: Gestalten mit Altmaterial
Materialien wiederverwerten für Pflanzbehälter, Beeteinfassungen, Wege und Beläge, Treppen, Mauern Zäune, Frühbeete, Hügel- und Hochbeete, Spielhütten, Praktisches und Dekoratives. Von Peter Himmelhuber u. Wolfgang Grosser. 124 S. m.v. Abb., 17x24cm, 2. Aufl. 2019 15,95 €

Bunte Körbe aus Gräsern und Kräutern
Die Technik des Korbwickelns neu entdeckt. Anleitungen zur Herstellung von bunten Körben durch Wickeln und Vernähen von Strängen aus heimischen Faserpflanzen. Mit vielen Schritt-für-Schritt-Anleitungen. Von Walter Friedl. 3. Aufl. 2020, 92 S. m. viel. farb.Abb., geb. 17,95 €

Bauen mit Frischholz
Vom Spalier bis zur Laube – frisches grünes Holz ist ein ausgezeichnetes Material, um daraus nützliche Gartenobjekte herzustellen. Mit Schritt-für-Schritt-Anleitungen für Pflanzbehälter, Spaliere, Bänke, Lauben usw. Von A. u. G. Bridgewater. 78 S.m.v.Abb., Neuaufl. 2015, 12,95 €

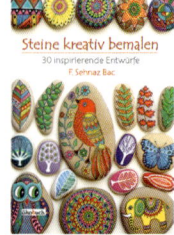

Steine kreativ bemalen
Anhand vieler Bilder werden Schritt-für-Schritt-Techniken vermittelt und vielfältige Motive gezeigt, um Steine künstlerisch und dekorativ zu bemalen und eigene Entwürfe zu entwickeln. Von F. Sehnaz Bac. 2. Aufl. 2019, 94 S. m.v.farb. Abb., 13,95 €

Steine bemalen für Kinder
Das Buch bietet kindgerechte Entwürfe u. Vorlagen mit Schritt-für-Schritt-Anleitungen für eine künstlerische Betätigung und zur Förderung der kindlichen Kreativität: Einfache Maltechniken u. Tipps für gutes Gelingen. Von F.Sehnaz Bac. 93 S. m.v. Abb., 17x24cm, 1. A. 2020 13,95 €

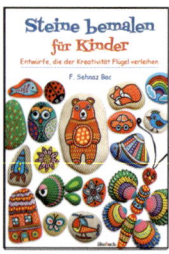

Terrassen und Decks aus Holz selbst gebaut
Planungsüberlegungen, sinnvolle Konstruktionen, Materialempfehlungen. Viele Beispiele und Schritt-für-Schritt-Bilder vermitteln das Wissen zum Bau schöner Holzdecks. von Peter Himmelhuber. 3. Aufl. 2015, 102 S.m.v. farb. Abb. 14,95 €

Trockenmauern für den Garten
Bauanleitung & Gestaltungsideen. Ob Sitzplätze oder Hochbeete einzufassen, eine Hangfläche zu terrassieren oder das Grundstück einzugrenzen: Mit einfachen Werkzeugen kann jeder kostengünstig eine schöne und dauerhafte Trockenmauer selbst bauen. Von Jana Spitzer und Reiner Dittrich. 6. Auflage 2019, 95 S., farbig, 17x24 cm, 13,95 €

Kieselstein-Mosaik
Schöne Böden für Wege und Lieblingsplätze im Garten selbst gestalten. Anleitungen für einfache u. fortgeschrittene Arbeiten mit Tipps aus der Praxis. Viele Gestaltungsvorschläge geben Anregung für eigenes Schaffen. Von Maggy Howarth. 94 S. m.v. Abb., 5. Aufl. 2016 13,95 €

Hauserneuerung
Instandsetzen - Modernisieren - Energiesparen - Umbauen: mit Anleitung zur Selbsthilfe. Das Buch beschreibt den handwerklich sachgerechten u. umweltverträglichen Umgang mit alter Bausubstanz. Von G. Haefele, W. Oed, L. Sabel. 255 Seiten, 200 Abb., 17. Aufl. 2019 28,90 €

Regenwasser für Garten und Haus
Ein kompetenter Ratgeber für Planung und Bau von Regenwassersammelanlagen nach dem Stand der Technik: Bemessung, Genehmigung, Speichertanks, Pumpen, Rohrleitungen, Zubehör. Von Karlheinz Böse. 92 S. m.v.Abb., 17x24 cm, 7. Aufl. 2014 12,95 €

Autonome Stromversorgung
Auslegung, Aufbau und Praxis autonomer Stromversorgungsanlagen mit Batteriespeicher für Beleuchtung und für netzferne Handwerks- u. Landwirtschaftsbetriebe. Von Philipp Brückmann und Georg Bopp. 5. überarb. u. erweiterte Aufl. 2020, 126 S. m.v. Abb., 17x24 cm 18,95 €

Stromausfall
Was tun, wenn nichts mehr geht? Von hilfreichen Maßnahmen und Wegen zu mehr Autonomie – das Buch zeigt, welche einfachen Nothilfe- und Vorsorgemaßnahmen möglich und sinnvoll sind. Von Reiner Dittrich. 1.Aufl. 2018, 154 S. m.v. Abb., 14,6 x 21 cm 15,95 €

Preisstand: 1.8.2020

Unsere Bücher erhalten Sie in allen Buchhandlungen oder über unseren Internetshop!

Postfach 1126   79216 Staufen

✆ 07633-50613 · 📠 50870 · Email: oekobuch@t-online.de · http://www.oekobuch.de